ラブライブ！サンシャイン!!
THIRD FAN BOOK

著：公野櫻子

PROLOGUE

「大きくなったら──何になりたい？」

小さいころ──何度も聞かれた。

お菓子屋さんに学校の先生。警察官にプロ野球選手。

おうちの仕事を継ぎたいっていう子もいれば、バレリーナになりたい子もいたし、お医者さんに消防士さん、

あとはファッションデザイナーも──。

いろんな──数えきれないほどたくさんの夢がある中で。

「アイドルになりたい！」

女の子だったら──。

誰か1人は──必ずそう言う子がいた。

それは、たぶん。

1番遠くて──大きな夢。

小さな女の子の生活の中で、アイドルはいつも大好きでキラキラしてて眩しくて──。

ちょっと手を伸ばせばすぐに触れると思うくらいに、私たちのすぐそばにあるのに──。

でも、それは多分絶対に届かない──遠い夢。

そう思っていたのに──。

今こうして、私たち、スクールアイドルになって──頑張っています。

スクールアイドルになって思うこと。

それは──諦めなければ夢は叶うってこと。

そして、これは──やっぱりまだまだ、小さな夢の始まりなんだってこと。

叶えたい──この夢の先にある、私たちの想い。

ここ内浦からの私たちの想いが、笑顔と一緒に──

どうかみんなに伝わりますように。

Aqours

Members

富士山を望み、駿河湾に面した自然豊かな土地・内浦。この町で結成されたAqoursのメンバー9人を、Q&Aやプロフィールでユニットごとに紹介！「CYaRon!」「AZALEA」「Guilty Kiss」それぞれの特色って？

【メンバー紹介】

You

Chika

Ruby

CYaRon!

CYaRon!
Members

高海千歌　渡辺曜　黒澤ルビィ

CYaRon!

Takami Chika

高海千歌

明るく元気な、浦の星女学院の2年生。
スクールアイドル・μ'sに憧れてAqoursを結成した張本人で、
こうと決めたらまっすぐ進む行動力の持ち主。3人姉妹の末っ子。

どこまでも高く――内浦の海に輝く
太陽みたいに眩しい笑顔、届け～!!

Q1
東京に来た時はなにをしますか？

東京に行ったら、まず秋葉原に行って──音ノ木坂学院を見る!! んで、やる気と元気をめいっぱいもらうんだ～♡♡ なんか、あの場所に行くと、不思議とチカでもがんばればきっとなんでもできるんだ！ っていう気になっちゃうからスゴイよね♪ あとはほかのスクールアイドルの情報やショップをチェックして──あとは食べ放題とお買い物と観光～♪ スイーツ食べたい♡♡

Q2
小さいころの夢中になった遊びはなんですか？

チカは昔うから、野球が好きだったんだよね──夏の夜になると、おじいちゃんがよく開けっ放しの部屋で野球中継を見てたりしてたからかな？ だからキャッチボールや三角ベースが1番好きだった遊びです！ よくね、ウチの前にある砂浜でやってたよ。砂浜だとスライディングとかしてもあんまり痛くないから、よくズザザザ～ッってやって膝が剥けちゃって怒られてたな、テヘヘ☆

Q3
千歌ちゃんって、得意な料理ってありますか？

得意な料理はね～、あんまりないけど、目玉焼きとお雑炊かな？ エヘヘ──ほら、ウチは家が旅館だし海辺の町だから、お鍋料理することが多くってさ──シメのお雑炊のお当番はなぜかたいてい末っ子の千歌の役目って決まってるんだよね♪ お雑炊の具は惜しくてもなるべく少なめにして、ごはんはちゃんと洗うのがコツだよ～☆ チカは味噌味が好き！

Q4
朝起きて曜ちゃんと入れ替わっていたらどうしますか？

えええ～、曜ちゃんと入れ替わってたら!? すごーい、そしたらもう絶対に飛び込みしまくる～!!! だってさ、よく練習見てて思うんだけど、あんな曜ちゃんみたいにクルクルクル～って気持ちよく回転してプールに飛び込めたら、どんなに気持ちいいだろうなぁって──だから、絶対、学校休んで飛び込みに行くな♡ それで内浦にニュースター誕生♪ って、あ──見た目は曜ちゃんなんだった♪

Chika's Profile

誕生日：8月1日
血液型：B型
身長：157cm
趣味：ソフトボール、カラオケ
特技：鉄棒、卓球、習字
好きな食べ物：みかん！
嫌いな食べ物：コーヒー、しおから

渡辺 曜

体を動かすことが大好きな、千歌のクラスメイト。
高飛び込みの選手でもあり、実力はナショナルチーム級。
フェリーの船長を務める父を尊敬している。

いつもちょっぴりあふれちゃってる曜の元気をみんなにわけちゃうよ♡

YOU's Profile

誕生日：4月17日
血液型：AB型
身長：157cm
趣味：筋トレ
特技：高飛び込み、体感天気予報
好きな食べ物：ハンバーグ、みかん
嫌いな食べ物：刺身、パサパサした食べ物

YOU @WATANABE

Q1
もし曜ちゃんが動物になるとしたら、なにになりたいですか？

動物になるならやっぱりイルカかな〜♡ とにかくものすごく速く泳ぐし、ジャンプもすごいし！ どこまでも泳いで行けそうなあの流線型のシャープな体型、うらやましいよね♪ 顔もなかなかかわいいし。たまにマリーや果南ちゃんのいる淡島にイルカを見に行くけど、人が行くとちゃーんとわかってて挨拶してくれる賢いところも好きなんだ♡

Q2
お刺身が苦手ということですが、苦手になってしまったきっかけはなんですか？ もしかしてあたっちゃったりしたんですか？

お刺身が苦手なのは、べつに当たっちゃったわけじゃなくて、なんていうか──あのムニッとした生っぽい食感がどうもあんまり得意じゃないらしくて。よく言われるんだけど、きっと味覚がお子様なんだよね。内浦は海辺の街だし、食卓にお魚はつきものなんだけど──曜は、干物や焼き魚、フライやお煮つけでがんばってます♡ ホントはハンバーグが1番好きなんだけどねっ♪

Q3
曜ちゃんはサッカー好き？

サッカー、もっちろん好きだよ〜!! こう見えて、じつはボールさばきはあんまりうまくないんだけど（みんなからはいかにも上手そうに見られるからちょっと困る……テヘヘ☆）、でも走るスピードだけは自信あるから、とにかくやたらに走って、距離を稼いでチームに貢献するタイプです♪ TV観戦も好きだけど、でも見てるとどうしてもエキサイトして走りたくなるから困っちゃうよね！

Q4
曜ちゃんのお父さんは船長ですね。冬でのお仕事は忙しいんですか？ 家族といっしょにクリスマスを過ごせますか？

うん、船長さんは、世間のみんなが移動する時期が1番忙しいから──夏休みや、冬休み──もちろんクリスマスの時期はやっぱり忙しいよ〜!! だから家族としてはちょっぴり残念だけど、でも忙しいのはそのぶん、みんなが──旅行で楽しかったり、会いたい人に会えたり、幸せになる人がいーっぱいいるっていうことだから♡ 曜はそんなお仕事をしてるお父さんが誇りです！

Kurosawa Ruby
黒澤ルビィ

浦の星女学院の1年生。臆病なところがあり男性が苦手だが、ずっと憧れてきたアイドルになりたい一心で活動に参加。特技の裁縫を生かし、衣装制作を担当する。

Q1
バイトするならどんな仕事がいいですか？（アイドル以外で）

アルバイトかぁ──やってみるなら、やっぱり絶対、衣装のかわいいメイドカフェ、かなぁ──エヘヘ♡ でもね、ルビィはもし男性のお客さんが来たら、ひゃああってなっちゃって心臓ドキドキしちゃって、たぶん全然接客なんてできなくなっちゃうと思うから、きっと無理──。うわーん、残念すぎるよぉ～！ あとはもう特技を活かしてお針子さんしかないかな──。

Q2
小さいころからの宝物があったら教えてください

ルビィの宝物は、ちっちゃい頃、お姉ちゃんのおさがりでもらった、七五三のお着物です！ お姉ちゃんとルビィは2歳差の姉妹だから、一緒にお祝いすることはなかったんだけど、いつもね、お姉ちゃんが着てるお着物がすごく素敵でうらやましくて──ルビィも着たいな、大きくなったら貰えるから早く大きくなってお姉さんになりたいなって思ってたの。今でも宝物だよぉ♡

Q3
めずらしいペットを飼えるとしたらどんなペットを飼いたい？

ルビィは、ワンちゃんやネコちゃんでも──すぐにドキドキびくびくしちゃうから──やっぱりペットにするなら、おとなしい子がいいの♡ 前にうさちゃんを見せてもらったことがあるけど──うさちゃんも結構おこるとコワイし──あ、そうだ！ 前にテレビで見たエゾモモンガ、すごいかわいかったよぉ～♡ お目目が大きくてキラキラなの！ モモちゃんなら飼ってみたいです♪

Q4
ルビィちゃんの座右の銘はなんですか？

座右の銘、ざゆうのめい──。うーん、難しいなー──それって、いつも心に思ってる大事な言葉（マルちゃんに教えてもらいました♡）っていうことですよね──ルビィ、あんまりそういう難しいことって考えたことなくって──。えっと、でも、一応、ルビィが最近思ってるのは、考えたら負け、っていうか──大事なことは考えるよりも感じること！です♡ でもこういうこと言うとお姉ちゃんに怒られるの……。

Ruby's Profile
誕生日：9月21日
血液型：A型
身長：154cm
趣味：お洋服、お裁縫
特技：衣装選び
好きな食べ物：ポテトフライ、スイートポテト
嫌いな食べ物：わさび

あっちゃ──見られちゃった！
エヘヘ☆　キミも一緒に寝ちゃう？
いいよ、隣においで──♡

はぁ〜、今日も1日、めいっぱい頑張ったよね!!
そんな1日の終わりに必要なのは──こんなごほうびタイム♪
曜と一緒にゴロゴロしたい人、寄っといで〜♡

2本で1つのアイス──
分けあうならいつもキミと♡
ね、はやくしないと
溶けちゃうよ♪

リラックスタイムのおともはいつも冷たいアイス！
スクールアイドルとしての使命に燃え上がったチカの熱〜いハートを
甘くクールダウンしてくれるのだ♪　──なんちゃって♡
キミも一緒にリラックスして？　ね♡♡

ねぇ、こんな服着てみたいなぁって
思うんだけど、ルビィに似合うかなぁ♡

ルビィは背もちっっちゃいし、スタイルも子供っぽいから――
せめて衣装だけでも精一杯がんばって工夫して――
応援してくれるあなたのためにキラキラ輝きたいです♡

「うわぁ～、すっごいかわいい～!!」

思わずルビィが大きい声をあげたら、驚いた曜ちゃんが焦って——。
タブレットの変なところをタッチしちゃったせいで、画面が飛んじゃって、大騒ぎ！
わわわ、どうしよう、ごめんね——と謝る曜ちゃんだけど、そうして焦れば焦るほど、いろんなページが開いちゃって——あ、あ、あああっ——ちょっと待って!!
そこ、そこで止めて——そのまま！

その白ビキニ、もうすっごい最高にかわいい～♡♡
次の衣装で絶対着てみたいよぉ～!!
ルビィが言うと、千歌ちゃんが横からのぞき込んできて——。
「どれどれ？」
目を丸くして言います。
「うわぁ——かわいい、けど——ちょーっとすごい面積小さめのビキニだね！　バストの小さい子なら大丈夫だと思うけど——大きい子はちょっとキビシイ、かも——しれない、ね？　あ、あはは——」
そう言いながら、ルビィと自分と曜ちゃんをなんどか見比べる様子をして——少しだけ気が抜けたように笑う千歌ちゃん。

あ——。
そっか。
そこまでは考えてなかったな——。
ルビィは、ほら——。
ちっちゃいころから、ずっとずっと、こんな感じ——だからね。
……。

あのね、今日は３人で集まって、次の衣装を決めるための作戦会議なんだぁ～！
Aqoursの練習がお休みの日も、こうやって集まって——遊んでるフリしながら、ちゃあんとアイドルの研究に余念がないルビィたちなんです♡
すごい、エライでしょう？
エヘヘ♡
この３人のメンバーだと、いつも元気な千歌ちゃんと曜ちゃんについてくだけのことが多いルビィだけど、得意な衣装のことくらいは——せめてちゃあんと貢献して役に立ちたいんだぁ♡
だから——うん♡
やっぱりかわいい、このビキニ♪
ルビィの技で、バストが小さくても大きくても——ちゃんとかわいい衣装になるように考えて作ってみたいな！

最高のスクールアイドルになるための作戦タイム〜♪

うわぁ〜、この白ビキニすっごくかわいい〜!!

AZALEA
Members

松浦果南　黒澤ダイヤ　国木田花丸

松浦果南

千歌の幼なじみで彼女より1年上の3年生。
淡島にある家業のダイビングショップを手伝っていて、
ダイビングや操船の免許を持つ。海の景色も採れる海産物も大好き。

太陽と波が大好きな海辺のワーキングガールに
みんな会いに来てくれたら嬉しいなっ♪

Q1
ダイビングをしている時に出会うとうれしい生物はいますか？

これはやっぱり絶対マンタとマンボウでしょう〜♡♡ マンタは沖縄とかに行かないとなかなか会えないけど、マンボウはね、じつはこの内浦のある駿河湾でもけっこう会えちゃったりするんだよね。私ってけっこう大物好きかも♪ ゆらゆら、海の波間を浮かんで揺れてる大きなマンボウくんを見つけると、やった！ って思っちゃう。一緒に泳ぐのはなかなかのんびり楽しくておすすめです♡

Q2
果南ちゃんは子どものころにあだ名とかあったのですか？

果南って案外みんな呼びやすい名前らしくて──ズバリそのまま"カナン"とか"カナンちゃん"って呼ばれることが多かったけど──そうだな、小学生のころは、カナチンとかナンナンとか──そんな風に呼ばれることもあったかも。今思うとなんだか少し──照れくさいね♡ 毎日海に入ってて真っ黒に日焼けしてる時期は、クロギャルとかからかわれた時もあるけど、結局内浦の子はみんな真っ黒だからそのうちなくなりました♡

Q3
1番怖いものはなんですか？
そもそも怖いものはありますか？

1番怖いものは──いつもなにか得体のしれないことを考えている、幼なじみの千歌──っていうのはまあ冗談だけど──フフ♡ 私の怖いものは、低気圧で大荒れの時化の海と、混んでる満員電車かな？ 普段人の少ない海辺に住んでるせいか、たくさんの人がいる場所にいると、どうも緊張するし目が回って──。ちょっぴりどんくさいけど、都会に行った時は人の後ろをくっついて回ってます……。

Q4
果南ちゃんは泳ぐのがとっても上手ですが、生まれ変わったらなになりたいですか？ やっぱりイルカ？

生まれ変わったら──やっぱりもう一度人間に、今度は男の子になって、思いっきりスポーツとかしてみたいなっていう気持ちもあるけど──海の生き物なら、絶対ウミガメがいいな♡ 透き通るようなきれいな水の南の島のサンゴ礁で、ゆらゆら真っ白な星の砂を眺めて暮らすの。夜になれば空には満天の星──きっと最高の人生──じゃなかった、亀生になると思う！ 長生きできそうだしね♡

Kanan's Profile

誕生日：2月10日
血液型：O型
身長：162cm
趣味：天体観測、水泳
特技：ダイビング、操船
好きな食べ物：さざえ、わかめ
嫌いな食べ物：梅干

真面目で堅物の生徒会長だって
アイドルできるって証明して差し上げます♡

黒澤ダイヤ

Kurosawa Dia

ルビィの姉であり、地元で有数の名家にして旧網元の子女。
浦の星女学院では生徒会長を務める。
完璧主義者で、スクールアイドル活動にも妥協は許さない。

Q1
ダイヤさんがステージに立つ時に心がけていることを教えてください！

うーん、それはたくさんありすぎて、なかなか難しい質問だと思うけれど──強いて1つだけあげるとするなら、常に誠実でオープンな心でいること、かしら？　残念ながら、わたくしは──ふだんは警戒心の強い性格で、みんなに笑顔を振りまくっていうほうではないから。せめてAqoursでいる時は、心を開いて──みなさんに大きな笑顔と真心を伝えたいと──そう思っています♡

Q2
Hi! Do you have a secret you can't say to Ruby？（ルビィには言えない秘密はありますか？）

Yes, I do. それはもう──た〜くさん♡♡ ありますわ♡♡　学校帰りに道草をしているルビィの帰宅が遅い言い訳をわたくしがしていることとか、ルビィが失くしたって大騒ぎしてた英語の教科書はルビィの部屋でわたくしが見つけてそっと本棚に戻したこととか──絶対言わない秘密なの♡　そして最大の秘密は──わたくしは結構ルビィのことが好きっていうことかしら？　フフ、これはきっと一生言わないわ──。

Q3
都会の生活についてどう思いますか？　都会に住みたいと思ったことはありますか？

それはもう何度もあるわ！　もちろん内浦のことも好きだけど──美術館や劇場、きれいな建築物のいっぱいある都会の生活には、やっぱり憧れてしまうの♡　文化的な刺激が──ここにいるとどうしても少ないから。流行のスイーツやファッションにはそんなに興味がないけれど、水族館にマリンパークよりは劇場にミュージアムのほうが好き♡　タワーマンションのお嬢様、一度やってみたいわ♪

Q4
妹のルビィちゃんはお洋服が好きですが、ダイヤさんはルビィちゃんといっしょにお洋服を選んだりしますか？

一緒に選ぶことは、ほぼありませんわ。あまりにも──趣味が違いすぎるのよね。ルビィが好きなのはピンクやレースやリボン、対する私は──どちらかというとクールでノーブルな服が好きだから──。小さいころから色選びをするときには好みが重ならなかったのは利点だと思うけれど、おさがりを着せられることもあったルビィは嫌だったみたい。きっと今の服好きはその反動もあるかもしれないわ。

黒澤ダイヤ

DIA's Profile
誕生日；1月1日　血液型；A型
身長；162cm　趣味；映画鑑賞、読書
特技；和琴、唄、着付け
好きな食べ物；
抹茶味のお菓子、プリン
嫌いな食べ物；
ハンバーグ、グラタン

Kunikida Hanamaru

国木田花丸

地元にある代々続くお寺の娘で読書好きな1年生。
日本文学を特に愛している。
まわりの人々に対して気を配る優しい性格で、ルビィとは大の仲よし。

引っ込み思案なおらだけど——
勇気をくれたAqoursが大好きずら♡

Q1
スクールアイドルの活動でまだ慣れないことはありますか？

まだ慣れないこと——って言ったら、まだまだまだまだ本当に慣れないことだらけなんだけれど——。一番慣れないのは——もしかしたら、ミニスカートに生足、かもしれないです……。もちろん、スクールアイドルなら当たり前だし、ミニスカートってかわいいなって、今ではマルも思うんだけど——でもまだ、なんだかちょっぴり恥ずかしくって——♡ 大好きなどら焼き食べるのを少し減らしたら、自信もって着れるようになるのかなぁ？

Q2
文化祭の1番の楽しみはなんですか？（or なんでしたか？）

文化祭ではAqoursのステージがあることが決まっていたから、それまでずっと緊張してて——あんまりあちこち回ることはできなかったんだけれど、それでも、縁日をやってたお教室で——マルね、生まれて初めて射的を当てたのぉ!! すっごいとっても嬉しかったずら～♡♡♡ 景品として浦女グッズのマリア様のバッジをいただいたので、カバンにつけようと思ってます♪

Q3
お寺のおうちに生まれてよかったと思うのはどんな時ですか？

お寺は——いろんな行事があったりして、大変なことや忙しいこと、怖いことも多いけど——でもね、困った時は仏様や地域の人たちが助けてくれるって思えるのは——お寺の子のいいところかなぁって思うずら♡ マルは小さいころから内気で人見知りな弱虫さんだけど、お寺の子でいろんな人に知ってもらってるおかげで、すっごく助かったこといっぱいあるよ♡ あとお供え物が多いからおやつがいっぱいなのも嬉しいポイントです♪

Q4
聖歌隊として歌うのと、スクールアイドルとして歌うのでは全然違いますか？

それはもう全然違うずら～! 聖歌隊の時はソプラノで歌うから、ちゃんとヘッドボイスで歌うようにって指導があるし、まっすぐにじっと立って聖堂内に声が響くように歌うのは——やっぱり踊りながら笑顔で歌うAqoursの時とは違うずら♡ おらは、聖歌隊の合唱もきれいで好きだけど——やっぱりみんなで踊るAqoursの時のほうがずっと大好き♡ 楽しくってドキドキするずら♡♡

Hanamaru's Profile

誕生日：3月4日
血液型：O型
身長：152cm
趣味：読書
特技：独唱（聖歌隊所属）
好きな食べ物：みかん、あんこ
嫌いな食べ物：牛乳、麺類

スイートな香りいっぱいの
秘密の花園で──
キミを待ってるよ！

ほら、そんなところに突っ立ってないで、
キミも早く——こっちにおいでよ♡

季節を問わず、いつも海に入ってる私でも——。
服を着たまま泳ぐのって——
なんだか非日常的で、ドキッとする♡
このドキドキを——
一緒にキミと感じたいから。ね？
早くこっちにおいでよ——♡♡

はい、マル──がんばって、
もう転んでも泣かないずら♡

辛いことや悲しいことがあるとすぐに泣いちゃうマルだけど──。
Aqoursに入って覚えたことは、泣かないで──
前を向いて立ち上がることの大切さ。
転んでも、こうして見守ってくれるアナタがいるから、マル──
これからももっとがんばるずら♡

やだ──ずっと見てたの？
恥ずかしい、でも──
キミだけならよくてよ──♡

海辺で貝がらをひろうなんて。
小さいころからずっとずっと飽きるくらいにしてきたから──。
こんな風に──。
胸をドキドキさせながらする日が来るなんて思いもしなかった──。
わたくしの心臓の音が聞こえる？　恥ずかしい、な──♡

夏はいつだって誘惑でいっぱい──
たまには一緒に冒険してみるのも
いいかもね？

うわぁぁっ!!
ちょ、ちょっとやめてよ、ダイヤ──。

うわ、びしょぬれ！

せっかく今日は洋服着て来たのに──。
こんなことなら、水着で来ちゃえばよかった！
いつもビーチにいる時には、水着やウェットスーツ姿のこ
とが多いから、せめて練習の時は、と思って──。
ああっ──。
ほらもう、やめてってば、マルちゃんまで濡れちゃうのに
──。

でも、こんな風にはしゃいでるところを見てると──やっ

ぱり。
ダイヤも海辺の街の子なんだね♡
いつもは制服の着こなしだって、人一倍キチンとしてて
──スキがない生徒会長のお嬢様なのに。
──クスクス♡
やっぱり、いいよね。
夏の海。
サンシャイン。
太陽の光が──どこもかしこもキラキラ輝いて。
みんなの心を解放してくれるみたい。
ようし、こうなったら、今日はもう──遊んじゃおっか！
思い切って水かけ合戦──一番びしょ濡れになった人が
勝ちね♪
そういうことなら、私、絶対負けないから♡♡

Guilty Kiss

Members

桜内梨子　津島善子　小原鞠莉

Sakurauchi Riko

桜内梨子

東京の秋葉原から千歌や曜のクラスにやって来た転入生。
控えめな性格かつインドア派でスクールアイドルとは縁が遠かったが、
千歌に勧誘されて活動に加わることに。

地味で目立たない美術系女子の心にも――
アイドルスマイルが小さく潜んでました♡

Q1
アルバイトをするならどんな仕事がいいですか？

いつも元気に旅館のお手伝いをして働く千歌ちゃんを見てると――接客業はちょっぴり梨子には難しそうって思うから――なにか裏方の仕事がいいかなぁ？　わりとお料理するのが好きだから、ファーストフードのキッチンスタッフなんかいいかなって思います♪　あ、でもこの辺にはないけど――ウフフ♡　あとは、ちっちゃい子を教える家庭教師だったらできそうな気がするから、大きくなったらそういうのも試してみたいです。

Q2
梨子という名前の由来はなんですか？

あの――これ、言うのとっても恥ずかしいんですけど、じつは美人になるようにってつけられた名前なんです。父親が、昔から漢詩とか読むのが結構好きだったみたいで――。中国では美人で有名な楊貴妃の例えに、真っ白な梨の花を使うらしいの。あのっ、こ、こんな理由でごめんなさい！　もうそれなら本当に、楊貴妃にあやかって梨子ももう少し美人だったらよかったって思うんだけど――なかなかうまくいかないものですね――エへへ♡

Q3
ピアノを弾けるようになりたいのですが、どうやったら上手く弾けるようになりますか？

ピアノは、梨子も別にぜんぜん上手じゃないので、偉そうなことはなにも言えないんだけど――でも、梨子が先生からいつも言われたことは、とにかく毎日指を動かしなさいっていうことでした。ピアノって、体で覚える部分があるから――やっぱりちょっとでもいいから毎日弾くことが1番大切かなって思います。あとは――梨子はじつは結構一緒に歌っちゃう方なの♡　ピアノを弾くのに飽きたら、楽しくなれるリフレッシュ法です♪

Q4
いつから絵を描くことが好きになったんですか？

小さいころからいたずら描きはよくしていて――落書き帳とクレヨンがあればそれでずーっと遊んでる子だったって、親から聞いたことがあります。小学校の頃はお絵かきスクールにも通ってて――あ、でも、ずーっと本気で取り組んでたわけじゃなくて、あくまでも遊びっていうか――ただ好きだからやってただけで、完全に下手の横好き、なんだけど――。小さい頃の絵にはお姫様がいっぱい描いてあって、なんだかちょっぴり恥ずかしいです♡

Riko's Profile

誕生日：9月19日
血液型：A型　身長：160cm
趣味：絵画、手芸、料理
特技：楽器（ピアノ、ビオラ）
好きな食べ物：ゆでたまご、サンドイッチ
嫌いな食べ物：ピーマン

桜内梨子

津島善子

地獄の業火の向こう側からキミのハートを攫いに来た
悪魔のヨハネに——堕ちてしまいなさい！

内浦から少し離れた沼津に住んでいる浦の星女学院の1年生。
小悪魔風のファッションに身を包み、自身を"堕天使ヨハネ"と称する。
ものすごく運が悪い。

Q1
月のお小遣いはどんなことに使っていますか？

そうね、持ってるお金は、ほとんど——洋服に使うことが多い気がするわ。どうしても——悪魔のコス——じゃなかった、悪魔の衣装って、光る素材とかレースとか羽根とか——お金がかかるものが多くて。いつもお小遣いじゃ全然足りないの。バイトとかできればいいんだけど——この辺じゃなかなか割のいいバイトもないしね。ああ、やっぱりヨハネは、こんな田舎に生まれてくるべきじゃなかったのよ。早く脱出してやるんだから！

Q2
ヨハネちゃんはいつから堕天使になったんですか？

ん——たぶん、生まれた時から？ なにしろ、私の記憶にある限り、ずーっと運が悪かったんだもの。きっと消せない堕天使の刻印は、このヨハネの魂のどこかに深〜く刻まれているのよ。ただ——いつ気が付いたかって言うなら、話は別。誰もヨハネが実は悪魔だって、教えてくれなかったから、昔は運が悪いのは全部自分のせいだと思ってて——ああ、かわいそうなヨハネ！ 覚醒したのは中学の時♡ そこから小悪魔としての人生が始まったのよ♪

Q3
必殺技を教えてください。

必殺技——。……。そっか、そういうのが期待されてるのね、悪魔って——。あ、う、うぅん！ なんでもない!! えっと——もちろんあるわよ、小悪魔ヨハネの必殺技。その必殺技は——ま、マホウよ！ 魔法！ そりゃ悪魔だもん、魔法くらい使えるわ、もちろん!!! そしてその魔法は——毎晩、キミの夢の中に現れて、キミのハートを盗んじゃう魔法♪ あれ？ ちょっとありきたりだった？ うーん、次までにもっとすごいの考えておくわ——。

Q4
大人になったらなにになりたいですか？

とりあえず——このままアイドルとして成功して、有名になって——そのあとは全国、全世界にリトルデーモンたちを増やしていけたらいいなって思っているわ。年を取ってからはアイドルはなかなか厳しいだろうから——それまでに起業とかしちゃって♡ 有名アクマ社長としてメディアに出るのも楽しそうよね♪ そしていつか時が来たら——たくさんの無垢な魂を手に入れて、地獄へ帰るの♡ 凱旋ツアーのステージは地獄の第9層で開催よ♪

Yohane's Profile

誕生日：7月13日
血液型：O型
身長：156cm
趣味：小悪魔ファッション
特技：ゲーム、魔法
好きな食べ物：チョコレート、苺
嫌いな食べ物：みかん

海を渡る風のように軽やかで自由な音楽がいつもキミとマリーを結んでいるよ♪

小原鞠莉

イタリア系アメリカ人の父と日本人の母を持つハーフの3年生。
家はホテルチェーンを経営している。
個人行動を好む自由人かつ、恐れを知らないチャレンジャーだ。

Q1
今までで1番豪華だった誕生日プレゼントはなんですか？

1番豪華、かぁ──値段はわからないけど、今までもらった中で、1番マリーをmake happyにしたのは、馬♡ パカパカ──お馬さん♪ マリーのパートナーのスターブライト号は額に白い星のついた（だからスターブライトっていうの）、大きな体のサラブレッド！ 鐙に足をかけてその背中に飛び乗るだけでも、空に昇ったような気分にさせてくれるステキな子なの♡ いつか一緒に乗ってみようね～！

Q2
メタルやパンクな曲が好きになったきっかけはなんですか？

ある日──突然、運命のように出会ったの♡ まだ子供の頃、ボンヤリ──ニュースを見ていたら、その中にドイツで開かれたっていうハードなコンサートの話題があって。見慣れた理性的なアンカーがしゃべるクールな雰囲気のスタジオに突然流れ出した──衝撃的な音。いがみ合う音とシャウト。そして破裂音。なにこれ!? って思って──目が釘付けになったの。インダストリアルメタル──。私もいつかあそこに行ってヘドバンする♡ って思ったわ。

Q3
理想の制服のスカートの長さは？

スカートの長さは──特にないけど。それよりはホットパンツのほうが好きかな♡ あとはデニム。だって、ミニスカートじゃ──乗馬もランニングもできないし、ね♪ でもあんまり長いスカートはやっぱり邪魔だし──熱がこもって暑くなっちゃいそうだから好きじゃないかな。そうしたら──膝より上がいい？ そうだ、あとはもう──キミが好きな長さに合わせてあげる♡ なんでもリクエストを言ってみていいよ～♪

Q4
愛馬スターブライト号とお喋りする時は日本語ですか？ それとも英語ですか？

スターブライト号としゃべる時はEnglish──英語で話してる♡ もともと、スターブライトは向こうで調教された馬だしね。っていうか、でも、日本の馬と日本人でも──乗馬の時はけっこう乗馬用語は英語が多いみたい。コミュニケーション取る時はまた別かもしれないけど──方向とか速度の指示とかね。スターブライトは、マリーがグッドガールってたてがみを撫でてあげるとすっごく誇りしげな顔をするの。かわいいでしょ♡

Mari's Profile

Ohara MARI

誕生日：6月13日
血液型：AB型
身長：163cm
趣味：スポーツ、乗馬
特技：柔軟、歌
好きな食べ物：コーヒー、レモン
嫌いな食べ物：納豆、キムチ

こっちの世界に来てみる？
その一歩を踏み出したら
もう戻れないんだから——

そうよ——そのままじっとしてて。
いい子ね——大丈夫、目をつぶってて。
これからヨハネがイイことしてあげる♡

いい子ね、ヨハネのかわいいリトルデーモン♡
ちゃんと、ヨハネへの忠誠をずっと守ってた？
じゃあこれからヨハネが——秘密のご褒美をあげる♪
しっ、黙って——。
これからなにが起きても声を出しちゃダメ、よ？
2人だけの秘密なの♡

34

いたずらな風に──
フワフワ舞うスカートみたいに
梨子の心も跳ねてます♡

きゃっ──♡
あ、ご、ごめんなさい、見えちゃったり──してないですよね？
今日は風が強いのわかってたんだけど、どうしても──。
このお気に入りのワンピースを見てほしくて──着てきちゃった♡
似合ってると──嬉しいです♪

2人だけの時は
もっとリラックスしよ♪
世界で1番気を許せる
2人でいたいから──♡

くすっ♪
やだ、そんなに緊張しないで。取って食べたりしないから♡
そうだ、もっとこっちに来て！
ひざまくら──してあげる♪
マリーのひざまくら、きっとフカフカで──気持ちいいよ♡

ああ──もう、ほら──。
ヨハネってば──そんなに乗り出したら海に落ちちゃう！

そんなに──珍しい？
スイートルームと、海の見える窓。
たしかに、この部屋の窓から眺める景色はすごくキレイで、
最高だけど、でも──。
この内浦に住んでたら、海なんてどこからでも見えるじゃ
ない！

そういえば──思い出すな。
編入生として──マリーが初めて浦の星女学院に行った
あの日のこと。
まず、学校に行くのにスクールバスがないのにビックリし
て──歩いて登るなんてあり得ない〜！　って思う急なあ
の坂道をふぅふぅ言いながら登って──。
その先に見えてきたかわいらしい学校。
迎えてくれた小さな聖母マリア様の像と素朴なステンドグ
ラスにまず微笑みを誘われて──。
次に──。

その学校越しに、見える海の景色に圧倒されたんだった。

まるで──。
そのためにあの急な坂道を登ったのかって思えるほど。
突き出した岬のてっぺんから眺める駿河湾の景色は、雄大
で突き抜けてて──。
なんでかわからないけど。
パンクだ、って思ったの、覚えてる。

ウフフ──そう、そう考えると、意外にパンクな土地、内
浦なのよね。
ほら、なぜか女子高生たちはこんな風に──アイドル目指
して踊っちゃうし♡
マリーはこういうの結構好きよ♪
人生は1度きり。
自分の人生は好きなように生きなくちゃ！

ようし！　じゃあ──今日ははしゃいで海に落ちても特
別OKってことにする♪
堕天使ヨハネが黒い翼で──海を渡る姿が見られるかしら？

3人が集まったらいつだってそこは
パーティータイム♪
でも、はしゃぎ過ぎにはご注意を——

Aqours 活動報告

アイドル活動に学校生活、家のお手伝いに友だちとのプライベートな時間……と、Aqoursは毎日大忙し！　元気いっぱいに日々を送る、そんな彼女たちの日常をイラスト＆ストーリーでお届け。いっしょに覗いていきましょう♡

高海千歌
TAKAMI CHIKA

松浦果南
MATSUURA KANAN

こんなに背が伸びて、
目指すものは変わっても。
幼なじみの私たちは──
あふれる緑の山のてっぺんで
今日も2人で一緒の景色を見てるよ〜!!

MESSAGE FROM CHIKA

わぁ〜〜、まぶしい緑の季節がやって来たね!!

お陽さまキラキラ。波はピカピカ、白い雲はもう目に痛いくらい光ってて──。
これから海辺の町にはいい季節がやって来る予感♪

でも──こんな緑の季節には、この辺では虫がいっぱい出るから──。
それだけがちょっぴり心配、かな?
ほら──野生児の千歌や果南ちゃんはいいけど──。
都会っ子の梨子ちゃんやよっちゃんなんかは、わりと虫キライみたいなんだよね。

梨子ちゃんに言わせると、バッタやちょうちょはもちろん──カメムシもカマドウマも別に全然気にしない千歌たちのほうがおかしいらしい。
それでも、見た目も雑で野生児っぽい、曜ちゃんや千歌なんかが、虫が平気なのはわりと想像の範囲内だったらしいけど──果南ちゃんも全然OKってわかった時には、ほんと目を丸くしてビックリしてたなぁ〜、あはは♡

そんなの──こう見えて、果南ちゃんは千歌よりも年上のお姉さんなんだもん!

子どもの頃からいつだって──身の回りに虫が出てみんながキャーってなった時に──ヤレヤレって一番最初に立ち上がって、ポイって指でつまんでお外に退治してくれるのは──果南ちゃんの役目だったんだよ〜♪

どんな時も頼りになる、チカの自慢の幼なじみの果南ちゃん!
しかもね、果南ちゃんは、セミプロのダイバーでもあるから、海の中の生き物にもくわしくて──海の中にはさ、それこそ、この辺で見かけるありふれた虫なんかよりも、もーっともーっとヘンテコな生き物がいっぱいいるらしいよ?
エヘヘ♪
チカも早く潜ってみたいな〜♡

18歳の誕生日がきたら──チカは果南ちゃんからダイビングを教えてもらう予定なんだ♪
その頃── Aqours はもっともっと、有名になってるかな?
そうだといいな──っていうか!
そうなるように、絶対絶対がんばる!!

みかん山の緑に今日も大きな声で誓う、高海千歌です♡♡

見て♡

この——真っ青な海と空。

こうして——1人で。
心を空っぽにして、海と空を眺めていると。
すぅっと心が透明になって——。

まるで自分がこの空気に溶けたような気分になる。

フフ——。

不思議ね。

こうしていると——距離なんてあんまり関係ないみたい。
この広い空の下に——私はいて。

そしてあなたも——今。
やっぱり同じ空の下にいる。

私の心がこの空に溶けたなら——きっと。
今、私の髪を揺らすこの風に乗って——。

あなたのところにも届いているかな？

そっと、いつも。
あなたのそばにマリーのハートが潜んでいること。

気が付いてくれたら、嬉しいな。

I'm happy to be with you！

小原鞠莉
OHARA MARI

夏の空に輝く太陽。マリーの心もどこまでも遠く透き通っています——

眠い眠い夏の月曜日の午後——
お願い、昨日夜更かしだったの、
もう少しだけ寝かせて——

みんなの日記 Aqours Diary

松浦果南より

……。

ふわぁ〜〜。

まずい。

チャイム鳴ってる——気がする。

けど——。

どうしよう。
どうしても——。

目が開かない——。

昨日は週末で、ダイビングのお客さんがいっぱい来てくれて、忙しかったから——寝不足で。

ほんの少しだけ。
ほんの少しだけ——休み時間に横になるだけのつもりで来たのに。

ああ——。
どうしよ。
このまま——もうちょっとだけ、寝ちゃおうかな?
午後の授業は——たしか、漢文。
私がいなくてもきっと全然平気だから——。

ね、お願い。

ちょっとだけ——見逃して?
ね♡
私とキミだけの秘密——。

そうだ、そこで——見張ってて。
誰かが来て——私を起こさないよ——うに——

……。

むにゃむにゃ——。

大好き♡

期末試験も終わって――いよいよ、もうすぐ
夏休み！

――の前に。
今日は、校内の大掃除。

梅雨の時期はどこもじめじめして――。
湿気で汚れがちになっちゃってたから、ちゃ
あんときれいにしないとね！

こう見えて――曜はけっこう掃除は好きなん
だ♡
あ、って言っても、整理整頓はあんまり得意
じゃないんだけど――。
こんな風に♡
モップを構えての拭き掃除――みたいな、力
業の掃除は得意中の得意♪
船の甲板を磨く船員さんみたいに、ピッカピ
カに磨き上げちゃうんだから！
廊下をどこまで走っても――トップは人に譲
らない自信があるよぉ～！

なぁんて、言ってたら――よっちゃんが勝負
を挑んできたよ♪
よぅし――久々に。
いっちょやる？
いいね♪
それじゃあ、廊下の端から端まで――一気に
モップで駆け抜け勝負！
あっちの端っこまで、早くたどり着いた方が
勝ちだよ。
ルールは――せっかくだから、逆走アリ、妨
害アリ、逃走アリのオールアリで！
それじゃあ、いくぞっ!!

やあやあ、遠からん者は音にも聞け、近くば
よって目にも見よ～!!
我こそは、拭き掃除レース無敗の神話を誇る、
クイーン・ヨウ1世号！
邪魔するものは吹き飛ばして――全速前進、
ヨーソロ～♡♡

津島善子
TSUSHIMA YOSHIKO

OUR PRIVATE LIFE
曜
You
2人の秘密教えてあげる

MESSAGE FROM RUBY

エへへへへ──♡

なんか、お姉ちゃんとこういうのって──やっぱり、なんかちょっと、恥ずかしい──かも。

だって──。
ルビィにとってお姉ちゃんは──。

お姉ちゃんと言えば、コワイ、怖いと言えばゴジラ、ゴジラと言ったら怪獣、怪獣と言ったら──お姉ちゃん？
うわぁ──まずいよ、そんなこと言ったら、本当の本当に怪獣みたいに怒られる～～!!
──っていうくらい、コワイ存在なんだもん……。

あ、もちろんね、お姉ちゃんは、普段は、わりと静かな方だし、どっちかって言うと、悪いのはそんないつも怒られるようなことばーっかりしちゃう、ドジで、考えの浅いルビィの方なんだけど。
でもさ、ルビィはお姉ちゃんみたいに頭良くないから──お姉ちゃんみたいになんでも失敗しないでサラサラサラ～ってこなすのは絶対に無理なんだもん～!!

だから、最初はね──2人でユニット組むのなんて、ええ、絶対そんなの無理～って思って、マルちゃんにも相談したんだ。ルビィ、きっと足ひっぱっちゃうと思うし──。
でも、そしたらね、マルちゃんが──。
「うわぁ～、すごい♡ マルが大好きな本にも、姉妹はよく出てくるけど、1番最高で最強のユニットずら！ 若草物語でも細雪でも──それぞれ個性が違うところがまたいいんだよね♡ いいなぁ、ルビィちゃん、姉妹でできるなんて──おら、うらやましいずら♪」
って本当に嬉しそうに言ってくれて──ルビィとお姉ちゃんにもね、それぞれ違ういいところがあるってほめてくれたの。
エへへ♡
そっかぁ──ルビィとお姉ちゃん、本当に最強ユニットになれるかなぁ？
よぅし、それじゃあ、とりあえず──正義のビームで悪を倒す──じゃなかった！
キュートなポーズでみんなのハートをキャッチしちゃう最強ユニット目指して──ルビィ、お姉ちゃんに怒られないようにがんばります～!!

黒澤ダイヤ
KUROSAWA DIA

黒澤ルビィ
KUROSAWA RUBY

くろさわシスターズのキュートな攻撃に
アナタのハートは耐えられるかな？

よぅし、千歌ちゃん、こうなったら、次はルビィのお気に入りの曲——もう1回いっちゃうぞおお!! これで3回目だあ!

いえぇぇぇぇ——い♡♡♡

なんて——エヘへ♡

それにしても——本当にすごい、最高だよね! 千歌ちゃんちでのおうちカラオケ♪

夏休みが始まってすぐ——嬉しくなったルビィはね、みんなでカラオケに遊びに行こうよ〜!って誘ったんだけど。
7月の——Aqoursの練習がない谷間の日曜日。曜ちゃんはその日くらいは絶対行かなきゃいけ

ない飛び込みの練習、果南ちゃんはダイビングのお仕事のお手伝い、マリーちゃんはホテルのイベント、よっちゃんはなんか秘密の使命?があるって言ってたし、マルちゃんはお寺で法事があるって——。

しゅーん……。
みんな忙しいんだ——。

それでも、はって気が付いて周囲を見回したら——おうちの居間にダイヤお姉ちゃんがいたけど。
一瞬目が合ったお姉ちゃんのその顔は——。
〝遊んでる暇があるのならさっさと夏休みの宿題やりなさい——〟ってまるでおでこの真ん中に書いてあるみたい。
うわ——ん!! ——って心の中でたちまち叫んで、家を抜け出して——。
海辺の道をとぼとぼ歩いてたら——千歌ちゃ

んに会ったよ♪
かくかくしかじかで——ってわけを話したら。
「んじゃ、うちで歌おっか! カラオケあるよ」って——千歌ちゃんちの旅館に連れてきてくれて。
そこにあったのは、昔大広間での宴会用に使ってたっていうカラオケセット。
うわぁ、すごいすごいすごい〜!!! これで大好きなアイドルの歌、好きなだけ歌えるなんて——千歌ちゃんちってまるでパラダイスだ♪

よぅし、これで今日もルビィは、Aqoursの練習をがんばります!
お姉ちゃん、本当だよ? これは遊びのカラオケじゃなくて、練習、Aqoursの練習なんだから——。
あとで、おうちのお手伝いが終わったらいけるかもって言ってた梨子ちゃんにもう1回電話してみようかな♡

高海千歌
TAKAMI CHIKA

黒澤ルビィ
KUROSAWA RUBY

アイドルの笑顔の裏側には——こんなふうに地道な自主トレの日々があるのだぁっ♡

やだ、もうちょっとなにこれ——
私、自慢じゃないけど、
こういうの——

みんなの日記
Aqours Diary
津島善子より

もう絶対ダメ、なのに——。

ぐすん。

ぐすんぐすんぐすんぐすん——。

あああ——もう！

だから嫌なのにぃ!!
動物モノと子供の病気は絶対ダメなのよ——。
私は悪魔だっていうのに——。
こうして鼻の奥がツーンとしてきて——。

ああ、もうダメ。

これは絶対涙なんかじゃないからね？
勘違いしないでよ？？

これはただ——ただ、目から水が出てるだけよ。
きっと雨が降りこんできたのね、きっと。
こんな大雨だもの。
ほらこんなに——。

……。

こんな大雨の中に——。
たった1人でポツンと子猫が——捨てられてる
なんて。

う——。
うわあああああああん!!!!

かわいそうすぎでしょ、こんなの——。
いくら私が小悪魔だからって、これはほっとけ
ないじゃない——。

あ、そうだ。
きっとこの子は——私の仲間、地獄から来た使
い魔の子猫——っていうことにして。
連れて帰るっていうのはどう？

ね、お前——うちに来る？
私はものすごく運が悪いから、あんまりいい思
いはできないかもしれないけど、それでもよ
かったら——。
きっと魚の干物くらいはどこかにあると思うわ。
でも、食べたらその分、ちゃんと働くのよ？
お前を連れて帰るのは、かわいそうだからって
いうんじゃなくて——悪魔として、使い魔を育
てようとしてるだけ、なんだからね——。

Q and A

もっと聞きたい Aqoursのこと

誕 Q1 TO CHIKA

生日の過ごし方で旅館ならではな、なにか変わったことはありますか？

旅館ならでは──なのは、やっぱり旅館やってると、板前さんとか仲居さんとかいろんな人がいて──みんなから「おめでとう！」って言ってもらえることかな♡　あと常連のお客さんからも！　家族そろってのおでかけとかはあり得ないのはちょっぴり残念だけど、お誕生日メニューは尾頭つきの鯛めしと、バラの花のお刺身だったよ〜♪

好 Q2 TO RIKO

きな音楽家はどなたですか？

本当に普通で恥ずかしいんですけど──チャイコフスキー──かな？　あ、あとは聞くだけならモーツァルトも好きです♡　軽やかなオペラの曲なんて、聞いていると心がウキウキしてきますよね！　チャイコフスキーだったら、「白鳥の湖」とか「くるみ割り人形」とか「眠れる森の美女」とか──バレエの曲が綺麗で好きです♡

果 Q3 TO KANAN

南ちゃんはいつもどんな格好で寝ますか？

ええ〜、もしかしてそれって、下着♡　とか水着♪　とか──そういうの期待してた？　あはは──残念♪　ちゃあんとパジャマは着て寝てるよ〜！　って言っても、今の季節はTシャツにショートパンツだけど。暑がりでパジャマだとすぐ脱いじゃうの♡

髪 Q4 TO DIA

を短く切ろうと思ったことはありますか？

それは難しい質問ね──思ったことがあるともいえるし、ないともいえるわ。ボンヤリ──切ってみたいな、と思ったことはあるけれど、実行に至るまでではなかった、っていうところかしら。小さいころからずっと踊りのお稽古をしてたから──切るわけにいかなくて。要は本気で思ったことは──1度もない、臆病者なの♡

Q5

劇で「ロミオとジュリエット」を
演じるとしたら、
どちらを演じたいですか？

それはもう、絶対絶対絶対──ロミオォ
〜!!! だってさ──考えてもみてよ？
曜なんて絶対、ジュリエットっていう
ガラじゃないじゃん〜♪ エヘヘヘ♡
長いスカートはいたら、それだけで転び
そう！ でも王子様役なら自信あるも
ん！ 後輩からもよく言われる
し♪ 役を争うライバルは
やっぱ果南ちゃんかな？

Q6

くじ引き、おみくじ、ガラガラ等で
一番うれしかったものはなんですか？

それを私に──聞く？ ……。いつだ
って、くじを引けば参加賞のティッシ
ュかキャンディ、おみくじを引けばも
ちろん凶。ガチャを回せば、そのとた
んに器械が故障して詰まってでなくな
る──という、地獄からきた破滅の使
者のこのヨハネに?? そうね──強
いて言えば。今年やった線香花火かな。
メンバーで私のが1番長持ち
したの♡ 珍しいでしょ？

Q7

好きな漢字はなんですか？

わぁ〜、好きな漢字って、あんまり
考えたことないけど──考えるとい
っぱいあるずら♡ 難しくてかっこ
いい漢字もいいけど──でも、おら
は、そうだな、星や海みたいに──
ちっちゃい子でもわかる優しい漢字
が好きかな♡ あ、そうだ！ 1番
好きなのは、マルの名前の中にもあ
る──花だと思う！ 草カンムリの
下にあるちっちゃなイが好きずら♡

Q8

夏祭りで楽しみにしているものは
ありますか？ 食べ物？
ヨーヨー釣り？ それとも花火？

夏祭りで、マリーが1番楽しみにしてるもの
──それはもちろん！ 盆踊り〜!! BON-
DANCE♡ あれ、すっごい楽しいよね？
カワイイ浴衣着て、太鼓たたいて、
みんなで踊るの！ いつもはじーっ
としてる内浦のおばあちゃんたちも、
お化粧して輪に入って笑顔で踊っ
てSo Cute♡♡ マリーもノリノ
リで一緒に踊っちゃうよ〜♪

Q9

誕生日になにをもらったら
うれしいですか？

お誕生日にプレゼントくれるなんて
──そんなの、なんでも嬉しいよぉ!!
すっごく嬉しい♡ 大好き！ ありが
とう♡♡ エヘヘ──そんな風に聞い
てもらえただけで、もうプレゼント
をもらっちゃったように嬉しい気持
ち！ だから本当になんでも嬉し
いけど、できたらずっと残るもの
だといいな♡ そしたら嬉しい気
持ちが何度も思い出せるもん♡

渡辺 曜
WATANABE YOU

じゃじゃーん、大いなるパワーを持った運命の2人のハート攻撃——受けてみよっ!!

MESSAGE FROM YOU

このユニットが決まった時——。
千歌から言われたことば。
「この2人組ユニットってさ——よっちゃんとよーちゃんで——どっちも"よっちゃん"のペアなんだね!」

あああっ!!
って思って——思わず。
2人同時に、よっちゃんと顔を見合わせちゃったよ。
善子と曜。
たしかに——どっちも「よっちゃん」って言えるよね!?
すごい、全然気が付かなかった——ってひざを折ってつぶやいてたら、ダイヤちゃんやマリーちゃんに、今度は大笑い——されたけど。エヘヘ♪
曜はふだんから——あんまりいろんなこと気が付かないちなんだよね☆　全然自慢じゃないけど♪
でもさ、あんまりびっくりしたから、そのあともずーっと、

へーすごーい気づかなかったなぁ、すごい偶然——よっちゃんとよーちゃんってたしかに同じに聞こえるよね!
すごいな——ほんとすごい、そんな2人がユニットになるなんて——って。
ぶつぶつ、1人でずっと言ってたら——。
突然よっちゃんが言ったんだ。
「そんなに——困る?　ご——ごめんね、なんか——悪いことしちゃったみたい、で——」って。
——へ?
全然意味がわからなくて。思わず変な声を出しちゃってから——よっちゃんの方を見たら、あれ?
よっちゃんはなんだか曜の方を見ないようにして——半分背中を向けながら、顔をそむけてる。
横から少しだけ見えてるほっぺたが——フルフル小刻みに震えながら——少しだけ赤くなって見えて——。

津島善子
TSUSHIMA YOSHIKO

「ええぇ～、なんで悪いことなの？　よっちゃんとよーちゃん――ようちゃんとよっちゃん――うーん、やっぱりすごいよね！
すごい偶然で――めっちゃ嬉しい♡　めでたい♪　なんか――2人、もともとこうなるようになってた運命みたいじゃない？　姉妹みたいっていうか、双子みたいっていうか――」
そう言って、背中からよっちゃんに飛びついて。
顔を覗き込んだら――うわぁ！
やっぱり、真っ赤なよっちゃんの顔‼

「ね、よっちゃんも――そんなに嬉しかった？」
やったね♡　って思いながらそう聞いたら――。
「べ、べつに、そういうわけじゃ――。ただ、なんか、あんまり何度も言ってるから、てっきり私なんかと同じ呼び名じゃ嫌なのかと――私はすごい運も悪いし――」

「――へ？」
やっぱり言ってる意味がよくわからなくて。
もう1回聞き返したら――。
「いや、べつに――もういい、んだけど――」
なんだか、モゴモゴロの中で言ってるよっちゃんの様子がかわいくて――。
思わずもう1回ぎゅううって抱きついてから。
「ようし、じゃあ今ここに――〝よっちゃんず〟堂々結成だね‼　一応曜の方が年は上だけど、どう考えてもよっちゃんのがしっかりしてるから、リーダーはよっちゃんね。頼りにしてるからね、よっちゃん♪」
そしたら、よっちゃんは「よ、よよ、よっちゃんず――⁉」って何度も繰り返して呟きながら、今度は少し青い顔をしてた。
えへへ、そんなに――気に入ったかな？　よっちゃんってば♡
みんなから、悪魔と野獣って言われてこのユニット。
運命の天然パワーでがんばるから、みんな絶対応援してね～‼

海辺の町、内浦は——。
なんといっても夏が1番賑やかな季節を迎えるから。
こうして——。
夏ももうすぐ終わる、こんな9月の夜には。
旅行客の姿もずいぶん減って——。
浜辺に設置されてたいろんなライトや飾りのちょうちんの
灯もなくなって。
少しだけ冷たくなった、秋の気配のする風と一緒に——。
一段、暗くなった夜空が帰ってくる。

ああ、今年もまた——夏が終わったんだなって。
寂しくなるような気持ちと一緒に。
今年の夏は——どんな夏だったかなって。
ふと思い返してみたりする——。

いつもはひたすらダイビングで忙しい、潮風の匂いに支配
された夏を過ごしてた私。

でもね、今年は——Aqoursの練習やライブで忙しくて。
私の頭の中は、こうして思い出すだけで——今も。
みんなで踊ったステージの眩しいライトや、色とりどりに
ヒラヒラと跳ねる衣装、弾けるように元気なAqoursの歌
で——たちまちいっぱいになっちゃう。
なんだかもう——たったひと夏の出来事とは思えないほ
ど、泣いたり笑ったり驚いたり感激したり——いろんなこ
とがあって。
本当に——ステキな、夏だったな♡

暗くなった——夜空をこうしてじっと見上げると。
瞬く星がよく見える。

真夏の盛りには、町の明かりに照らされて、今よりもっと
明るかったはずの夜空なのに——なぜか。
逆に——今のほうが明るく見えるような気さえして。
その姿は——まるで私の胸の奥で。
眩しかった夏の思い出が、今もやっぱり、胸いっぱいにキ
ラキラ輝いているみたい。
これからも——こんな風に。
夜空にさざめく星のような思い出がいっぱい——できる
のかな。
できると——いいな。
Aqoursと——みんなで、ね♡♡

瞬く星の帰って来た空は——
少しだけ冷たい風の気配がする

松浦果南
MATSUURA KANAN

いつまでも夏休み気分で
のんびりしてないで――
もうキリキリ、お働きなさい!!

みんなの日記 Aqours Diary 黒澤ダイヤより

もう――嫌になってしまうわ。
9月になって学校も始まったっていうのに、みんなして――どこかダラダラ。
どうにも――夏休み気分が抜けていないのよね。
Aqoursのメンバーたちもヒドイの。
朝は寝坊で曜ちゃんが遅刻。
下駄箱では、ヨハネがいきなり上履きを忘れるし、昼休みにはまさかの梨子ちゃんがお弁当を家に置き忘れ――。
授業中にうつらうつらと居眠りする子がいるのはもちろん――それどころか、夏休みの宿題がまだ終わっていなくて、休み時間のたびに先生に見つからないように逃げ回ってる子までいる

始末――。
――って、これはルビィのことだけれど。

しかもね、ルビィったら、今年はそんな宿題忘れ――（というよりも、夏休みが8月31日に終わるのはわかりきっていることなんだから、あれは〝忘れている〟っていうよりも――もうただただ〝逃げている〟だけよね？）――をしでかしたくせに。
学校が始まってみれば、なんとまさかの愉快な宿題忘れ仲間が――Aqours内にいることがわかってしまって。
すっかり安心していい気になって――今も2人して一緒に逃げ回っているの。
そう、それはもちろん、千歌ちゃん――。
いまや、なぜか偵察隊と本隊の二手に分かれた2人は、廊下を見はったり、教室内に隠れたり。指令を出したり受けあったりして――。
なんだかもう、その笑顔にあふれた姿は、ほとんど遊んでいるようにしか見えない――。

ああ――もう!!
本当に嫌!
理不尽だわ。
わたくしは、そういうだらしのないことは嫌いなの。
もう絶対に――許せなくってよ♡

フフ――だから、こうして今日は――生徒会長としてたるんでるみんなをパトロールしてさしあげますわ♪
先生の目はかいくぐれても――このわたくしにかかったら、ルビィや千歌ちゃんの考えてることなんて――もうすっかりお見通しなんだから♡
いいわ。
2人とも、早く――お逃げなさい。
でも――いいこと？
このダイヤの目から逃れるのは――至難の業よ。
捕まったら最後――自分のノルマを終えるまで、ビシビシしごいてあげるから――覚悟なさい♡

小原鞠莉
OHARA MARI

桜内梨子
SAKURAUCHI RIKO

MESSAGE FROM HANAMARU

好き、キライ、好き、キライ、好き──。
えへへ♡

おら、お花の花びらの数が奇数の時って──嬉しくなるんだぁ♡
だって、花びらを数えて好き嫌いを占う、花占い──奇数だったら絶対に〝好き〟で終わるずら！
おら、昔から勇気がなくて臆病な性格だったから──。
よく花占いして、元気もらってたんだぁ。

普通、好き、キライで占うのは恋占いだけど──おらがやるのはたいてい──できる・できない、で占う花占い。

例えば、小学校の頃、学校で──じゃんけんに負けて、遠足のレクリエーション係になっちゃった時──あれって、みんなの前で司会をやったり、あとはみんなが楽しめるようなゲームを考えたり、じつはいろいろ大変なんだけど──本当におらなんかにできるのかなぁ？　って思いかえすとズーンって心の中が重くなって、おなかの奥がチク

チクしてくる。
そんな時、うつむいて、自信のない気持ちで、ずーっと靴の先だけを見ながらトボトボ──家に帰る道の途中で。
小さな花を見つけると──やってみるの。

花びらを1枚取って、〝できる〟。
次の1枚で〝できない〟。
次の1枚で〝できる〟。
そして──次々に花びらを取っていって。
最後の1枚で決まるの。
本当にマルにそれが〝できる〟か〝できない〟か──。

おらは本当に臆病で──。
最初は、本当にドキドキしながら、花占いを進めるのも怖かったんだぁ──。
最後の1枚が〝できない〟になりそうになると、あわてて全部なかったことにして、違う花にしてみたり──ほかに花がない時は、勝手に花びらがすっかりなくなった後の茎のところまでカウントしていいことにしたりして──。

花のような笑顔を振りまく
妖精さんの3人に──
なれたかな？

国木田花丸
KUNIKIDA HANAMARU

ずるい、よね──エヘヘ♡
でもね、そのうち気が付いたんです。
5枚の花びらの花──奇数の花びらの花だったら、絶対に
──"できる"で終わるってこと。

だからそれから──自信がなくて、怖いことにぶつかった
時には──おら、奇数の花を探すようになったの。
5枚の花びら。
3人のユニット。
それから、もちろん9人のAqoursも──。
だからね、そんな奇数のナンバーは、ぜーんぶ、みーんな、
おらにとっては、幸先のいい"できる"のサインずら♡

そんな幸運の"できる"のサインが──皆さんのところに
も届くようにこれから精一杯がんばります！
おらたちの笑顔が──みんなに元気あげられる花になれ
ますように♡

日焼けの地図は、選手の勲章♡
敬意を表して——べりべり剥いてやる～!!

みんな、夏休みはどうだった？
楽しかった？

エへへ♡

曜の夏休みは——もう。
Aqours ざんまい～！
たっくさん、ライブができて、すっごい楽しかったよ!!
あちこち行けたし♡

あ、でも——ちゃんと飛び込みの練習も一応してたんだ。
その——証の、この日焼け！
見てみて——なかなかすごいでしょ♡

って——よっちゃんに自慢したら。
アイドルが日焼けして皮剥きとか、自慢になるかー！　って。
パンチされた。
けっこう思いっきり。
あれだな。
なんか最近——。
よっちゃん、ぜったい成長してきてると思うな。
パンチ力。
やっぱり——Aqours でダンスの練習とかかんばってるからかな？
Aqours って、なんかこう——ツッコミがいのあるメンバーも多いしね！

エへへ♡

日焼けのあとはしっかり保湿してケアって——。
曜だって、一応わかってはいるけど。
練習のあとは全力出してるから、ついつい疲れて——シャワーのあと、そのまま爆睡しちゃう。
で——この日焼け地図ができ上がり～♪　ってわけなんだよね。

でもさ。
よっちゃんには——怒られるけど。
昔から、けっこう好きなんだ。こういうの。
この夏もいっぱいがんばって泳いだぞ～！　って感じがするでしょ？

剥くのも——案外楽しいよ？
やってみる？
エへへ——。
人にやってもらったら、なんかくすぐったそうだね♡

渡辺 曜
WATANABE YOU

あっ、ご、ごめんなさい——。
私、こぼしちゃってた？

やだ——。
恥ずかしい♡

どうしよ。
子どもみたいだよね、こんな——。
ソフトクリームもちゃんと食べられないなんて。

でも——私、昔からそうなの。
冷たいものがそんなに得意じゃなくて——。
食べるのが遅いせいか——棒アイスとかも、いつも途中でとけて——ボトッて地面に落とし

ちゃって悲しいことに——。
小学校の頃なんかね、落とすたびに周りからはやしたてられて恥ずかしくて——。
って、あ、あはは♡
なんか言い訳っぽい？

あっ、うん——。
ありがとう♡
そうだね。

そんなに言い訳しなくても——。
今、見てるのは——果南ちゃんだけだから。
恥ずかしく——ない、か♡

そうだよね♡

って、なんか——。
……。

どうしよ。
そんなに優しい目で見つめられたら——。
ちょっとよけいにドキドキしてきちゃうかも——♡

果南ちゃんって——いつも優しいよね。
千歌ちゃんと一緒にいる時も、いつもお姉さんみたいだし——。

なんか、梨子にも本当にお姉さんがいたら、こんな感じだったのかな？　ってたまに思うんだ。

優しいお姉さん——。
本当にいたらよかったな♡

あ、でも——本当のお姉さんがこんなだったら、きっと毎日ドキドキしちゃって——。
それもなんだか少し大変かも——しれません♡

桜内梨子
SAKURAUCHI RIKO

松浦果南
MATSUURA KANAN

ご、ごめんなさい——
私——どうしよう、
なんかドキドキしちゃう、かも♡

Q1

TO CHIKA

お

祭りの屋台はなにが好きですか?

たこ焼きと焼きそば!! もっちろん──その2つはチカも外せないよぉ〜♡♡♡ あとは夏だったらかき氷と綿あめ。あ、あとラムネは絶対ね!! できればダブルで2本♪ あとはね、焼きトウモロコシにお好み焼き、牛カルビくしに──仕上げはお土産に持って帰るベビーカステラ!!! うわぁ、食べ物ばっかりだね♪

Q2

TO RIKO

童

話の中で一番好きな物語はなんですか?

童話は──そんなにたくさんは知らないんですけど、ラプンツェルが好きです。昔、子供の頃ね、古い外国の絵本で見たことがあって──中世のお姫様みたいな絵のラプンツェルが複雑に結い上げた長い長いみつあみの髪をほどいて塔から垂らしてあげているところの絵が、とても不思議で──魔法みたいって思ったのを覚えてます。

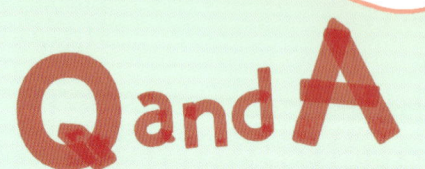

Q and A

もっと聞きたい
Aqoursのこと

Q3

TO KANAN

星

の中で好きな星座はありますか?

1番好きな星っていうのは──まだ決まってないんだけど♡ でも──どっちかっていうと冬の星が好きかな? 夏の夜は──毎日ダイビングに忙しくてざわざわすごしてる分、冬の方が印象が強いのかもしれない。どんな天気の日でも見つけやすいオリオン座は、いつも一緒の友達みたいな気がして──好きだよ♡

Q4

TO DIA

ダ

イヤちゃんはどんな感じのカフェがお好きでしょうか?

どちらかというと、クールな感じがわたくしの好みかしら? 白い石の床に、ガラスやシルバーのシンプルな家具。ソファ席よりも、クッションのない堅い椅子に背筋を伸ばして座っている方が気持ちいい気がするわ。メニューはビスコッティにエスプレッソかカプチーノ。フカフカのパンケーキやフレッシュクリームは遠慮するわ──。

Q5
食 TO YOU

欲の秋って真っ先に思い浮かぶのはなんですか?

牛丼。うん──いま、真っ先にそれが思いついたよ! ヨーソロ♪ 曜は飛び込みの練習後だったら、牛丼、大盛2杯はいっちゃえるよ～! えへへ☆ 特盛はさすがに恥ずかしいから注文しないんだけど、結局足りなくて2杯目に手が出ちゃうんだよね! あとは──焼肉丼かな? うん──食欲の秋=お肉の秋だね!!

Q6
善 TO YOSHIKO

子ちゃんは親の手伝いなどはしますか?

親の手伝い──親の手伝い、ね。フッ──。そんなにしてないわ! だって──悪魔が親の手伝いなんて。まさかそんなまるで良い子みたいなこと──するわけがない気がしない? フフフ♡ っていうか、まあ、ウチは千歌ちゃんなんかと違って特に家業があるわけでもないし。やるのはお風呂の掃除くらい? でもこれって当たり前よね……。

Q7
目 TO HANAMARU

玉焼きはなにをかけて食べますか?

目玉焼きにかけるのは──おしょうゆ、かな。いつも食卓に出てるのがおしょうゆだから──なんとなく、そうなってる気がします。本当はハムエッグが1番好きなんだけど──その場合はなにもいらないですもんね。あと、うちは朝ごはんはいつもパンじゃなくて、お米のご飯だから、目玉焼きより卵焼きが多いです♡

Q8
1 TO MARI

日に4回も入浴する鞠莉ちゃんですが、好きな入浴剤または好きな入り方はありますか?

昔から、薔薇の花を浮かべたバスタブが好きだけど──最近凝ってるのは炭酸の入浴剤かな? 乗馬の後なんかに──重炭酸の入浴剤を少し多めに入れてゆっくりつかると、すごーくほぐれて体が軽くなる気がするの。あとはシーソルトも好きよ♡ お肌がつるつるになるからおすすめ! どっちも濃い目に盛るのが最高よ♡

Q9
ル TO RUBY

ビィちゃんがオススメするポテトフライの食べ方を教えてください!!

ルビィはすこーしふやけてシニャってしてる細いポテトが1番好きです♡ あとは2番目は太くてあっつあつのほくほくポテト! どっちもお塩だけのシンプル味がおいしいの♡ でもね、本当に1番好きなのは──ジャガイモをくし形に切って、唐揚げ粉を付けて揚げてあるおうちのポテトなんだぁ♡♡ 1度やってみてください♪

渡辺 曜
WATANABE YOU

黒澤ダイヤ
KUROSAWA DIA

MESSAGE FROM DIA

あ、曜ちゃん——
ちょっと、ちょっと待って！

昼休み。
いつものように、学校の廊下をダッシュで一気に走り抜け
ていく曜を見つけて——。
呼び止めると。
キキキ——とまるで古びた自転車が大きなブレーキの音
を立てるみたいに急停止をして——。
大きく腕を振り回して、つんのめった身体のバランスを取
る曜ちゃん。
クスクス——♡
やっぱり、見てるだけで笑っちゃう。
なんにでも自然体で、素直で——楽しいオーバーリアク

ション。
もとから大きな目をさらに大きく見開いて、キラキラ——。
ドライアイとは無縁な様子で輝かせた彼女は——。

「ご、ごめんごめん——生徒会長！　ちょっと急いでて
——走っちゃった——♡　大丈夫、ここからは走らない
ようにするから——ね♪」
そう言って、笑いながら、逃げ出すように、そろりそろり
と猫の足で歩を進めようとして——。
——ああ、やっぱり、誤解されてるみたいね。

私は、そんな曜ちゃんの胸元に、なにも言わずそっと手を
差し出しながら——。

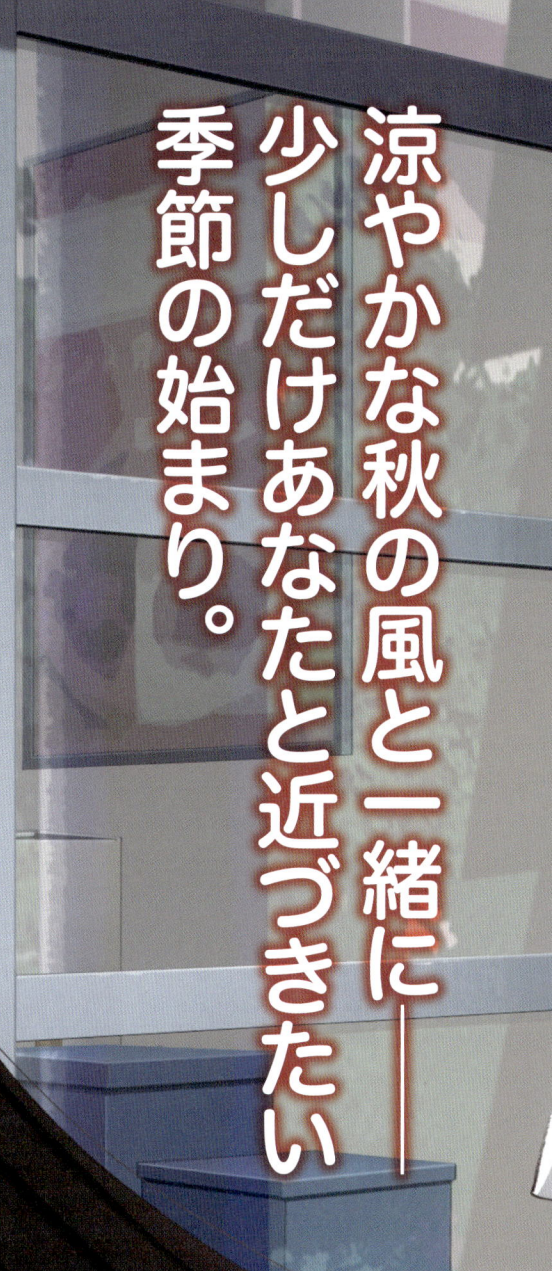

涼やかな秋の風と一緒に──
少しだけあなたと近づきたい
季節の始まり。

桜内梨子
SAKURAUCHI RIKO

「タイがねじれていてよ」
そっと直すと──。
「あっ、あ、あ──そっちかぁ！ なぁんだ、さっきも職員室の前で先生に止められて、廊下を走るなって怒られたから──」
テヘヘと照れる彼女の白い服のタイが、少し上がった息に合わせて大きく上下してる。
「はぁ──ビックリした♡」
「こんなに──息が上がるくらいなら走らなければいいのに──」
私が言いかけると。
「だって──もう昼休み始まって15分もたつし！ ジュースの自販機、早くいかないと売り切れちゃう──」
言いながらも、うっすら汗ばんだ赤い顔で、じりじりと後

ずさりに廊下を移動し始める曜。
「さ、できた──まあ、走るのは少しくらい仕方ないとしても、制服はきちんと正しく着ないとね？」
わたくしがそういうと、「了解！」と大きく敬礼してみせた彼女は、やっぱり──スカートを翻して一気に駆け去った。

あっけないような──でもなんだかすごく、充実したような、一瞬の邂逅──フフ♡
今日から、我が浦の星女学院では、秋の衣替え──。
1日で変わる学校の景色は──もうすっかり秋色です。

ずっとずっと空の上に輝くお日様みたいなアイドルになれますように！

Aqoursをみんなではじめてから──。
ルビィはね、ずっとずっと思ってることがあるんだぁ♡
みんなには内緒なんだけど。
エヘヘ──♡

それはね──。
なんだか、Aqoursのみんなって、太陽の光みたいだなってこと。
本当に、なんかね、見てると──明るくてあったかくて、光ってて──。
それでいて、全然存在感なくて──。
あ！
存在感なくて──っていうのは悪い意味で言ってるんじゃなくって、あの──ほら、なんて言ったらいいのかな？
ルビィは、頭がよくないから、なんかどう言ったらいいのか、こういう時いつもピッタリの言葉が浮かばなくて困るんだけど──
うわーん、助けて、マルちゃん！って思っても──。
マルちゃんは今日は図書委員のお仕事があって、今ここにはいないから──。
（エヘヘ、だからここで終わるの待ってるんだぁ♡）

えっと、えっとね──。
ルビィ、一生懸命考える──。

あ！そうだ、あのね、お日様の光って、明るくて眩しくていつもキラキラ輝いてるけど、ほら、ふだんはみんなあんまり全然気にしてなくて──。
あるのが当たり前っていうか。
本当に自然に──みんなを笑顔にしてくれる明るさだと思うの。
それに比べると他のアイドルは──ルビィも本当に大好きなグループいっぱいあるんだけど、もっとピカピカしてたりツヤツヤの宝石みたいだったり、ギラリン〜☆って、もう眩しすぎてまっすぐ見れない照明みたいに光ってて。
すごくかわいいしかっこいいけど──。

ルビィには──ちょっぴり遠い感じがするみたい。
まるでテレビの向こうや宇宙の彼方にある星みたいに。
遠く遠く光ってる。
でもね、Aqoursのみんなは、それとはなんかちょっと違ってて。
それは、雲の切れ間からすぅって差し込んできて──毎日みんなを照らしてくれる、どこにでもあるけど、でもやっぱり見ただけで笑顔になっちゃう、優しくて明るい大きなお日様の光みたい♡

でも、前ね、ヨハネちゃんにそう言ったら──太陽も十分宇宙の彼方にある遠い星なんだけど‼って──怒られたから──。
みんなには秘密♪
でも、ルビィはお日様はやっぱり夜に見上げる星とは全然違うと思うんだぁ──♡

黒澤ルビィ
KUROSAWA RUBY

浦女の秋の文化祭♪
いっぱいがんばるから
遊びに来てほしいな!!

みんなの日記
Aqours Diary
高海千歌より

こんな感じで――どうかな？
曲がってない？
上手く描けたかな？

エヘヘ――♡

楽しかった夏休みが終わって――。
ついに学校が始まっちゃった！　と思って、毎日つまらない授業に嘆いてたけど――。
そうだったよ、これがあったんだったよ。

文化祭♡

エヘヘ――なんかこうして、口に出して言ってるだけで楽しくなってくるよね！

――文化祭♡♡

新学期が始まったばっかりの時は、夏休みが終わっちゃったっていうダメージが大きすぎて忘れてたのが――不思議なくらい♪
お祭り大好きガールの千歌としては、もうこれは盛り上がるっきゃない！　と思って、今年はいーっぱい、いろんな団体に参加するつもりだよ～!!

予定してるのは、クラス参加の迷路に、有志のジューススタンド、着ぐるみの宣伝ゴジラもやりたいし、あ――それにもちろん、忘れちゃいけない Aqours のステージも!!　人数の少ない学校だから、1人何役もして――めいっぱい文

化祭を満喫できるのは、逆に、浦女のいいところかもしれないよね♪

看板作りに、チラシ制作、衣装の計画や、ステージの練習――毎日たくさんやることがあって、充実の毎日!!

練習や活動が終わった後にみんなで食べるお菓子も楽しみな千歌です♡♡

みんな絶対遊びに来てね～!!

黒澤ルビィ
KUROSAWA RUBY

「ひゃあっ、ちょうちんのお化けがしゃべったぁ！」

って——クスクスクス♡
さすがおっかながりのルビィちゃん。

そーんなに驚いちゃって、かわいいずら♪
ただハロウィンの飾りつけなのにそんなにびっくりしちゃって——♡
そんなにびっくりしてたらお化けがますます嬉しがって、きっといっぱい出てきちゃうずらよ？
今日は Aqours のステージで使う小物の準備——。
やっぱりこの時期ハロウィンのネタは絶対必要だってよっちゃんが言うので——怖がるルビィちゃんをなんとか説得して、2人でいろいろ準備してみたんだけど——。
フリルやリボンが大好きなルビィちゃんには、ジャック・オ・ランタンだけでもちょっぴり緊張するアイテムになっちゃうみたいずら。

おらが——全然平気にしてたら、なんだか意外そうに。
「マルちゃんは怖くないの？」って聞かれちゃった。
うん、まあたしかに——おらも昔はお化けがもちろん怖かったけど——。
でもね、はっきり言って、昔っからお寺でたくさん聞かされてきた、古いお化けの話に比べたら——ハロウィンの魔女やお化けなんて——ぜんぜん迫力不足ずら♡

そう言って、笑って——。
ルビィちゃんも聞いてみたい？　って言ったら。
真っ青になってブルブル。
首を横に振ってたずら。
——クスクス♡

発見♪
臆病で引っ込み思案のマルが意外に強いもの。
それはお化けの話——♡
そうだ、今度悪魔のよっちゃんにお話ししてあげようかな——♪

お化けは本当に——いるかもしれないずらよ♡

国木田花丸
KUNIKIDA HANAMARU

OUR PRIVATE LIFE

花丸

Hanamaru

2人の秘密教えてあげね

Q1
TO CHIKA

ス ポーツの秋、読書の秋、
食欲の秋から1つ選ぶなら
なにを選びますか?

ええぇ～、千歌にそんなこと聞いちゃう!? それはもっちろん、食欲の秋だよぉ～♪ 柿にお芋にぶどうに栗! 秋にはおいしいものいーっぱいあるよね～!! 旅館用の巨大炊飯器で炊き上げるきのこいっぱいの炊き込みご飯もチカの大好物♡ これからもっと寒くなったら、焼き芋の季節になるね! 夜鳴きラーメンも食べたいな♪

Q2
TO RIKO

秋 といえば秋刀魚ですが、
魚をうまく骨を取って
食べられるほうですか?

秋刀魚……。あの、あんまり自信はないんですけど──お魚を食べる食べ方はわりときれいなほうだって言われます♡ 小さいころからお箸の使い方はおばあちゃんにも褒められることが多かったの──ごめんなさい、ちょっと自慢っぽいかな。はらわたはまだ苦くてそんなに食べられないけれど、大根おろしたっぷりの秋刀魚、梨子も大好きです!

Q and A

もっと聞きたい
Aqoursのこと

Q3
TO KANAN

内 浦の秋! を一番感じるものは
なんですか?

私が、内浦の秋を1番感じるのは──冷たくなり始めた海の水温と、海面にちらほら浮かんでは──波間に揺れる紅葉の落ち葉、かな。海水の温度の低下は気温とは2カ月遅れてやってくるから、秋の到来は遅いんだけど、そのぶん。しみじみ──秋が来たなって思うよ。あとは秋になると千歌が持ってくる焼き芋。浜辺で食べるのは最高においしいよ♡

Q4
TO DIA

ダ イヤさんは、秋に旅行に
行くとしたらどこに行きたいですか?

そんなの、もちろん──ハワイでしょ♡ 修学旅行と言ったらハワイ──そうに決まっているの、知らなかったのかしら? 浦の星女学院の修学旅行は国内だけど──英語の勉強にも役立つのだから、それくらい行ってもいいと思うのだけれど──。Aqoursのメンバーでハワイに行ったら──素敵なPVが撮影できそうね♡

Q5
TO YOU
体育祭に比べると文化祭は体を動かすことが少なくて物足りなかったりしますか？

文化祭でも、Aqoursのステージで踊ったり、あっちこっちの出店を駆け回ったりして——結構身体を動かすから、そんな風に思ったことはないよ☆　ヨーソロ♪　本当は、最近流行のシンクロナイズドスイミングのショーとかもやってみたいけど、なかなかメンバーが——あっ！　Aqoursのメンバーでできたりしないかな？　今度聞いてみよ♡

Q6
TO YOSHIKO
実りの秋の季節。Aqoursにはなにがたわわに実りましたか？

それはもちろん——リンゴよ♡　秋と言えばリンゴ、決まってるでしょ？　間違ってもミカンじゃないから、そこのところはよーく覚えておいてよね！　リンゴは別名悪魔の果実——ひと口食べたら、きっとたちまちアナタは悪魔の虜、ヨハネのリトルデーモンになっちゃうの♡　食べ方はアップルパイがおすすめ♪　アイスと一緒に食べてね♡

Q7
TO HANAMARU
秋の夜長、花丸ちゃんがおすすめしたい本はありますか？

秋の夜長——時間がいっぱいある時にゆっくり読みたい本って言ったら、やっぱり長い長い長編物語かなぁ？　「指輪物語」もよいし、「大菩薩峠」もよいし♡　大作に挑戦するなら、「源氏物語」や「平家物語」にチャレンジしてみるのもよいと思うずら♪　マルが最近はまったのは「細雪」♡　きっとマルは大人しくて奥手の雪子さんタイプで、行き遅れそうずら……。

Q8
TO MARI
鞠莉ちゃんにとっての、秋の風物詩はなんですか？

秋の風物詩と言ったら、ブドウ狩りにリンゴ狩り——あとは、収穫を祝う神社のお祭り♪　秋を祝う行事は意外と世界共通で——なんだか親近感がわいちゃう。最近は、日本でもハロウィーンがすごいけど、カトリックでは11月は死者の月だから、聖歌を歌ってミサをして——学校でもシスターが焼いたおいしいガレットを食べるイメージね♡

Q9
TO RUBY
スイートポテトのおいしさに目覚めてしまいました……！　太りそうで心配なのですが、ルビィちゃんは体型維持のために、なにか気をつけていることはありますか？

ルビィはボンヤリしてると、すぐぽっちゃりしちゃうタイプだから——おやつは1日に1回で我慢してます♪　あとマルちゃんに聞いたんだけど、炭酸飲料はダメだから、コーラよりオレンジジュース！　お野菜もいっぱい食べてます。あ、でもね、さつまいもはダイエットにいいんだよ？　だからスイートポテトは食べていいと思うなぁ♡　ルビィも大好き！

天高く馬肥ゆる秋──
そうだ、遊びに行こう♪

黒澤ルビィ
KUROSAWA RUBY

MESSAGE FROM HANAMARU

丘を越え行こうよ、
口笛吹きつつ──

えへへ♡
こんな晴れた秋空の輝く日に──みんなでお出かけなんて最高‼
嬉しくなって気分が弾んで──ついつい。
おやつをつまむ手が止まらなくなっちゃうずら──♡♡
いけないいけない、こんなことしてたら、それこそ、秋のお馬さんみたいにぽっちゃり肥えちゃう〜！
えへへへ♪

今日は、1年生メンバー3人でおでかけです♡
なんかね、3年生は模試、2年生は修学旅行で──Aqoursの活動ができなくなっちゃって。
でも、せっかくのお天気のいい秋の週末に──じっとして

いるのももったいないから、どっか行こうよって──。
ルビィちゃんの提案ずら♪
マルはいつも、どっちかっていうとインドア派で──お休みの日はおうちにこもってじーっと本を読んでいることが多いから──最初にそれを聞いた時にはね、ちょっぴりだけ──ドキドキしちゃって。
大丈夫かな？　って思ったんだけど──。
どこかに答えを探すような気持ちで──よっちゃんのほうを見たら。
よっちゃんはしかめっ面の腕組みをして──すごく難しい顔。
「ねぇ、それって──私に対する──なにかの挑戦？」
「──へ？」
わけがわからなくて、思わずルビィちゃんと顔を見合わせたら──。
「だって──それって、究極の雨女である、この小悪魔

国木田花丸
KUNIKIDA HANAMARU

津島善子
TSUSHIMA YOSHIKO

ヨハネと一緒に――秋の遠足に行こうっていうことでしょ？　正気♪　きっと絶対雨が降るわよ。日本晴れの快晴の秋の空が黒の使徒ヨハネの登場とともに一転にわかにかき曇って――ああ、そのせいでこれまでいつだって私は悪者にされてきたんだかあ――」

大げさに身振り手振りで話すよっちゃんに――思わず、ルビィちゃんとおらは――。

「ブッ――クスクスクス」

笑っちゃいました♡♡

「なぁんだそういうことかあ♡」

ルビィちゃんが大きな声で言ってから、よっちゃんの頭をそっとなでます。

「大丈夫だよね！　天気予報も100％晴れるって言ってるし、この一週間もずっと晴れだし♡」

マルも言葉を添えて言います。

「ルビィちゃんはいつも晴女だって言われるから、2人い

たらちょうどいいずら♪　どっちが勝つか当日のお天気で競争ずら～！」

「ようし、ルビィ、負っけないぞ～！　晴れ晴れパワーをいっぱいアップして――うん、テルテル坊主も作っちゃお！」

ルビィちゃんが言うのにマルも急いで大賛成！

「うん、マルも手伝うから――よっちゃんも一緒に作ろ♪」

そんなマルたち2人を――ヨハネちゃんは顔を赤く染めて小さくにらむと。

「もう、悪魔を甘く見て―どうなっても知らないからね!!」

横を向いて呟いて――遠足に参加表明をしてくれました♡

エヘヘ♪

だからね、今日は――絶対晴れるって信じて、これからハイキングです！　山のてっぺんで――真っ青な空を見れるといいな。

萩原英一作・詞「ピクニック」より

うわぁ〜、きたきたきた♡
ホッカホカの中華まん♪
So CUTE!!

ほら、見て！
このまるっこいふかふ
かのはじっこのとこに、
パクっとかみつく最初
のひと口がもう最高に──
Feel good ♡
感じちゃうよね♪

内浦の海が最高に輝く季節の夏が終わって──
なんだかちょっぴり気が抜けてたとこに。
うーん、やっぱり涼しい秋には秋ならではのお

楽しみがあるってことかな♪
お口の中にじゅわっとおいしい肉汁たっぷりの
中華まんと──かじったあとからほんのり立ち
上る湯気。
もうすぐ──冬がやって来る予感♪

なんて──ハッピーな気持ちになってるところ
に。
でも──。
ひとつだけ気になることがあるんだよね……。
それは──。

隣で食べてる──ダイヤのあんまん♡♡

やーん、もう、最初に選んだ時からずっとずっ

と気になってたの〜！
肉まんもいいけど、あんまんもおいしそう♪
でも学校帰りの買い食いに、2個は多いし
──。
悩みに悩んだ末、ようやく肉まんに決めたのに、
そんなマリーの横で、ダイヤはあっさり。
「わたくしは──あんまんをひとつ、お願い
いたします」
って──涼しい顔で。

ね、ねねねね──♡
ちょっとだけ♪
ちょっとだけ替えっこして──食べてみない？
きっと──2人で2種類一緒に食べたら、2倍
──うぅん、絶対10倍おいしいと思うよ♡♡

黒澤ダイヤ
KUROSAWA DIA

小原鞠莉
OHARA MARI

ホッカホカの中華まん ──きっと、
わけっこしてたべたらもっとおいしい♪

自分じゃないだれかのために──
お役に立てたら
梨子は幸せです♡

みんなの日記 Aqours Diary

桜内梨子より

あ、あああ──どうしよう‼
待って、こぼれないで──

……。

ふぅ。

なんだかちょっぴり。
張り切りすぎちゃったかな？
いつもだったら難なく普通に作れるはずのクッキー。
この前、作った残りを学校に持って行ったら、

みんなにすごく喜んでもらえたから──。
こんどはみんなのためにたくさん作ろうって思って──。
せっかくのハロウィンだから、ちょっとだけ型も凝ってみようかななんて、量も増やして──。
欲張ったのがいけなかったのかな？
やっぱり、梨子がそんな、みんなになにかしようだなんて、だいそれたこと──。

……。

うぅん、きっと、そうじゃないよね！
ダメダメ、諦めたりしちゃ！
きっと、こんな時──。
千歌ちゃんだったらなんて言うかな？
きっと、千歌ちゃんだったら──。
うん、きっと。

「テヘヘ、失敗しちゃった〜！
　次は絶対がんばって成功させるぞ‼」

って言って。
ガッツポーズして──。
すっごい笑顔、するんだろうな♡

うん♡
私もやってみよ。

テヘヘ、失敗、失敗！
次は絶対──って、あああっ‼

ガッツポーズの手が当たって、また牛乳が──。
うわーん、どうしよう──。

黒澤ダイヤ
KUROSAWA DIA

桜内梨子
SAKURAUCHI RIKO

ハッピーな気持ちをあなたと一緒に──
わけあえたら世界で1番幸せなクリスマス♪

OUR PRIVATE LIFE
梨子
Riko
2人の秘密教えてあげる

わあ──♡
すごい、2人とも
──プレゼントがか
ぶっちゃったの！
クリスマスの──プ
レゼント交換。
Aqoursのメンバーでや
ろうっていうことになって、
なにをあげたら喜んでもらえる
かなって、一生懸命考えたんだけど──。
でも、予算が限られてるから、どうしても手ぶ
くろとかマフラーとか、小物が多くなっちゃっ
て──。
どうしても似てきちゃうんですよね。

それでも、みんなと同じになっちゃったらやっぱ
りつまらないしって思って──。
でも──。
クスクス♡

まさか、交換する本人同士が同じものなんて、す
ごい偶然！
でも髪留めって──そう言えば、私とダイヤち
ゃんはいつも髪留めしてる2人だもんね♪
なんだか、すごく気が合ってるみたいで──ち
ょっぴり嬉しいかも♡
プレゼントを選ぶために──いっぱい悩んでい
っぱい考えて──あの時間を同じこと考えて、

一緒に過ごしてたのかなって思うと、なんだか胸
がキュンって──嬉しいです♡
ウフフ♡
もしかしたら──クリスマスって、実際に手に
するプレゼントよりも──。
こんな風に、お互いを想って過ごした優しい心の
時間が──。
1番のプレゼントなのかもしれないですね♡

今年のクリスマスは──いつもAqoursを応援し
てくれてるみんなのところにも！
梨子のこの気持ちが届きますように──。
世界で1番幸せなクリスマスを、一緒に過ごせた
ら嬉しいな♪

74

OUR PRIVATE LIFE

曜
You
2人の秘密教えてあげる

見て見て見て！
ほら、見てごらん、マルちゃん‼
まるで——本物の
お星さまみたいだ
ねぇ〜♪

すごい！
キラキラ光ってる‼

よぉし、マル船員！
あの輝く十字星を目印に、進路はまっすぐこ
のまま全速前進——お宝の眠る島はもうすぐ
そこだぞ！　——なんちゃって♪

エヘヘヘヘ——♡

ダメダメ！
今日の曜とマルちゃんは——。
海賊船ごっこしてる場合じゃ、なかったんだよ
ね——エヘへ☆
じゃじゃーんっ♪
ルビィちゃんが揃えてくれた、この——双子
コーデって言うの？
バッチリ全身おそろいの洋服を着て——やっ
て来たのはクリスマスのイルミネーション輝
く、ショッピングモール！
ここで今日はなんと、イチャイチャデートシー
ンの撮影なのだ〜‼!

撮影だよ、さ、つ、え、い！
エヘン、なかなかすごいでしょ〜♪
Aqoursの新しいＰＶのワンシーンを撮影する
んだよ！

まるで姉妹みたいに見えるよね。
いいなあ、こんな妹がいたら——曜、思いっ
きり可愛がっちゃってたかも！
毎週飛び込みの練習に連れて行って、しり込
みするちっちゃいマルちゃんのお尻を押して、
ドーンって無理やり飛び込ませて——やった、
これでできたね♡　なんて——えへへへ♡

曜、いいお姉さんになれそうかな？

渡辺 曜
WATANABE YOU

国木田花丸
KUNIKIDA HANAMARU

双子コーデではしゃいだら
お空の星にも手が届くよ♪
ヨーソロ☆

松浦果南
MATSUURA KANAN

１年の計は元旦にあり──
新しい年にさらに輝くAqoursをよろしくね♡

MESSAGE FROM KANAN

あはは──♪
久しぶりの練習で気合が入るのはわかるけど──。
ルビィってば、ちょっと張り切り過ぎ♡
そんなに焦らなくたって──ルビィだったら、いつか絶対にAqoursのセンターの座、回ってくると思うけどな。
うん──絶対！

でも──まあ、こんな風に、みんなが張り切ってるのはいいことだよね。

冬休みに入って──今、Aqoursは毎日練習に明け暮れる日々が続いてます。
ダイビングショップの仕事がある私や、飛び込みの練習が

ある曜や、地元の名家のダイヤとルビィの姉妹──なにかと忙しい夏休みよりも、冬休みのほうがみんな意外に予定がなくて。
まるで──小さな雲が切れ切れに浮かぶ、よく晴れた冬の空みたいに。
ぽっかり空いた静かな午後の時間には──。
よくこうして、集まれるメンバーだけでも、集まってAqoursの自主練をやってるの。

みんな──期末試験や大掃除も終わって──。
真っ白な時間ができてみたら。
考えることは一緒だったみたい。

桜内梨子
SAKURAUCHI RIKO

黒澤ルビィ
KUROSAWA RUBY

『新しい年はもっと頑張って――絶対にAqoursをもっと
みんなに見てもらいたい‼』
ルビィみたいに思い切ってセンターを狙うとか、逆に梨子ち
ゃんみたいにもっと裏方のマネジメントを頑張るとか――
考えてることはそれぞれだけど、向いてる方向は同じ。
そう――いつも前だけ向いて。
全力で走る‼
ただそれだけだよね。
途中で足を引っかけて、転んだ子がいたら――もちろんみ
んなで助けるし♡

なんて言いながら――でも、なんだか。
最近だんだん――ただのたまり場みたいになってきてる気

もする……。
だって、ほら、見てみて？
今日だって、ルビィはあんなにお菓子とジュースもってきて
る――。
お正月はただでさえ太りやすい季節だって、前もあんなに警
戒してたのに――。
よし♡　こうなったら――私もあれを片付けるのを手伝っ
てやるか♪
あんなに1人で全部食べたら、大変だもんね。
困った時はみんなで助け合うのがAqoursだし♪

とにかく精一杯頑張って――新しい年も輝くAqoursをみな
さんに届けることができますように‼

新しい年は──どんな年になるのかな？
イイことがいっぱいみんなにありますように‼

みんなの日記 Aqours Diary
高海千歌より

こうして──。
12月も終わりが来ると。

チカの家は──家業の旅館のお仕事で、てんて
こ舞いの大忙し！
猫の手も借りたい──って言われて、ネコより
は少しは役に立つ──かもしれないチカも、お
手伝いに駆り出されます。

だから──ね。
こんな風に、重ねたお膳を厨房に運びながら。
旅館の廊下で──1人。
遠くにザワザワした賑やかな旅館の気配を感じ
ながら──透き通ったガラス越しに見上げる夜
空のツンとした匂いをかぐと。

ああ、1年も終わりが来たな──って。
なんだかちょっぴり──。
ドキッとしちゃう。

今年のチカは──どうだったかな？
楽しいことも面白いこともいっぱいあって
──。

ただただ夢中でAqoursを頑張って、過ごして
きた1年だったけど。
本当に、これで──よかったのかな？
もしかして、もっとなにかできることあったん
じゃないかな？

それとも、チカはチカなりに──。
ちゃんとこの1年─成長できてた？
みんなが過ごしたのと同じ、神様からもらった
この1年分──。
……。

あはは──なんでかな？
いつもはあんまりそんなこと考えないのに。
1年に1回この時だけは──なんだかちょっぴ
りだけ反省モードのチカになっちゃう♪

もしかしたら年末の冷たく澄んだ星空には
──。
特別の力があるのかもね。
だって同時に──。
チカに元気もくれるんだ♡
お正月が来たら、また新しい希望に満ちた1年
が始まる──新しい年には今年よりもきっと
もっともっとたくさんのことができるに違いな
いから、また精一杯頑張ろうって‼
エヘヘ、チカって──単純だよね♪
こんな単純なチカだけど──来年はもっともっ
と！
Aqoursでまたみんなに会いたいです♡
新しい年が、皆さんにもよい年でありますよう
に──。

OUR PRIVATE LIFE
ダイヤ
Dia
★ 2人の秘密教えてあげる ★

もう、ヨハネってば――。
ちょっと失敗したくらいで――。
そんなにベソかかないの!!
まるで、小さい頃のルビィみたいに見えて――気になってしまうでしょう?
こう見えて――案外弱気なんだから。
まったく!

ふだんは、自分は悪魔だって言って――気強くふるまってるのに。
いいこと?
誰だって――失敗することはあるものよ。

わたくしだって――はたからは一見、完璧のように見えるかもしれないけれど――もちろん、日々いろんな失敗をすることはあってよ?
制服のアイロンがけが――完璧にいかなかったり、いつもは完璧な角度で挿せるヘアピンが、その日に限って少し曲がってしまったり――。

でもね、そういう失敗をしてしまった時こそ――人間の本性というものが試されるのよ?
そんな時は――そんな風に泣いて、自分を憐れんだりしないで――。
原因を究明して対策を考えるの。
そのほうがずっと――美しいし、元気になれるわ♡

だから――ほら。
ヨハネは、世界中をその魅力で堕天させるくらいに、美しい悪魔なんでしょう?

もうそんな風に情けない顔をするのはやめて――笑顔を見せなさい?
だいたいこんなことくらいで泣いてたら――ウチのルビィなんて、失敗だらけの人生で、もう全然生きていけなくてよ?
そうだ――小さい頃から、ルビィが泣いてる時によくしたおまじない――してあげる♪
ほら、こっちにきておでこ出して――?

えいっ!!

ウフフ♡
痛い?
デコピンされると――まるで衝撃で目が覚めたみたいな気持ちになるでしょう?
わたくしの気弱な悪魔に愛のお仕置きよ♪

そんな弱気の悪魔には――
わたくしがお仕置きして
さしあげます♪

津島善子
TSUSHIMA YOSHIKO

黒澤ダイヤ
KUROSAWA DIA

Q and A

もっと聞きたい
Aqoursのこと

00

Q1 — TO CHIKA

習字ガール千歌っちの2018年最初の書き初めは？

そうだな〜、今年の書初めのお題は——じゃじゃーんっ♪ 商売繁盛！緊褌一番!! エヘヘ——ホントはね、一刀両断!! もいいな〜って思ってたんだけど——ばっさり行くのはなんか縁起悪いからやめたほうがいいって言われたからやめといたよ♪ 来年は思いきって英語の書初めとかしてみたいな〜♡ そしたらやっぱりドリームカムトゥルーかな♪

Q2 — TO RIKO

全国津々浦々味の違うとされるお雑煮。桜内家のお正月のお雑煮はなに味ですか？

桜内家のお雑煮は、関東風で、おだしに少しだけお醤油を入れた、おすましのお雑煮です。具は小松菜と鶏肉とかまぼこに赤目のさといもとにんじんにお大根。吸い口に浮かせてある柚子の香りが大好きです♡ おもちは四角いおもちを少しだけ焼くのが梨子の役目なの♪

Q3 — TO KANAN

毎年、お年玉はもらいますか？

うん、一応もらってるよ♪ ダイビングショップで働く勤労少女の私だけど、あれはあくまで家の仕事の手伝いだから——お給料があるわけじゃないしね。高校生まではお年玉アリがウチのルール。冬は暇だし、お正月は少しリッチにみんなで——遊園地でも行きたいな♡

Q4 — TO DIA

焼いた餅にはなにをつけて食べますか？

わたくしが1番好きなのは海苔を巻いた磯辺焼き。次は——砂糖醤油かしら？ フフ——普段はあまり甘いものは食べないほうなのだけれど、これだけは別みたい——少しお行儀が悪いけれど、手に持って小皿に作った砂糖醤油のたれにつけながらいただいてしまいます♡

Q5 TO YOU

お

正月に「これだけはやる!」ということはありますか?

うーん、とくに決めてることはないけど——あっ、お年玉をもらう? でもそれは——一応もらう立場の曜が決められることじゃないか、エへへ♡ あ、あとは新品のパジャマを下ろして使うのと——寝る前に逆立ちもするよ! 1年のケジメだよね♪ ヨーソロ☆

Q6 TO YOSHIKO

堕

天使のおせち料理ってどんなものが入ってるんですか?

……。地獄のおせち——あんまり考えたことなかったわ。やっぱり、地獄の業火で焼いたブタの丸焼きとか? あとは地獄の釜でグラグラ煮え立つチーズフォンデュ——うーん、ピンとこないわね。っていうか、地獄と堕天使にお正月はないし! ふぅ——危うく引っかかるところだったわ——。

Q7 TO HANAMARU

年

越しでは花丸ちゃん家のお寺の鐘を突いたりするんですか?

お寺の鐘は——大みそかの夜になると、檀家の人たちがいっぱい来てみんなで突いてくれるずら♡ マルも小さい頃、何回か突いたことあるけど——今夜はきっと町じゅうの人が聞いてるって思うとすごく緊張しちゃって大変だったずら。最近はもっぱらおそば係してます♡

Q8 TO MARI

お

正月の遊びで1番やりたいのはなんですか?

羽根突き、凧揚げ、ふくわらい——お正月の日本の遊びっていろいろあるのね♪ マリーが最近教えてもらって楽しかったのは——まわり将棋♡ ニュースでよく将棋を見たけど——本物の将棋はルールが難しくて。こっちは簡単で楽しいの♡ マリーはTenを出すのが得意よ♪

Q9 TO RUBY

毎

年、年賀状を出していますか?

年賀状は——親が絶対出しなさいって言うから出してるよぉ♡ でもね、年末は音楽特番見たり、お笑い特番見たり、Aqoursの練習もできるだけしたいし——忙しいからいっつもギリギリになっちゃう! 今年は消しゴムはんこに挑戦! 28日までに出せるように頑張ります♡♡

小原鞠莉
OHARA MARI

MESSAGE FROM CHIKA

おおっと、あぶない——。
このままじゃ、ルビィちゃんが落ちそう！
うーん、意外と。
やってみると、難しいもんなんだねぇ、リフトって——。

こうして考えると、バレエやフィギュアとかのペアの人た
ちって、やっぱりみんなスゴイ筋力なんだね——みんな、
あんなに細くてスタイルいいのに——。

って言ったら。
鞠莉ちゃんに笑われた。

「なに言ってるの〜、いまどき、男の人じゃなくたって、
女の子同士だってリフトくらいするよ♪ だいたいそんな
こと言ってたら、チアリーディングなんてもう全然できな
くなっちゃうじゃん〜☆」
って言って、なんかものすごいアメリカンな感じのピース
サインとウィンクをハッピーに決める鞠莉ちゃんを見てい
たら。
なんだか急に——。

うんそうだ！
できるよ　絶対！
やっぱり、がんばればチカにもできる!!

黒澤ルビィ
KUROSAWA RUBY

高海千歌
TAKAMI CHIKA

「みんな〜なろう〜
スクールアイドルに〜♪
今年も歌でいっぱいの1年の始まりです!!」

こうなったら、みんなで絶対、やってみなくちゃ♡♡

っていう気分になってきた──。

エヘヘ♡

いつものことか♪

でもでも、だから!

今日のAqoursの練習は、みんなで楽しくミュージカル風

にダンスムービーの撮影です♪

ウェルカムトゥ、Aqours ワールド〜♡♡

ミュージカルのいいところは、なんかすっごく──前向き

な雰囲気で、見てるだけで──なんかこう♡

身体がムズムズしてきちゃって、動き出さずにはいられな

くなっちゃう──ところだよね♪

なんかスクールアイドルに似てる気がする♡

エヘヘ〜☆

そう言うチカは、じつは、年末年始のお休みに、暇にまかせ

て食っちゃ寝しながら、ミュージカル映画をいっぱい見てたせ

いか──ただいまちょっと、やる気満々あふれ中です♡♡

よーし、これでみんなも一緒に踊って歌いたくなっちゃう

ような動画を撮るぞ!

画面の向こうでみんなもめいっぱい!!

楽しんでくれたら嬉しいな♡♡

真冬の空に向かって咲く一輪の花
その強さがわたくしに勇気をくれます——

もうすぐ——。
あの日がやってまいります。
そう。
みなさんはちゃんと——覚えているかしら？
バレンタインデー。

フフ♡

不思議なものね——このわたくしが、いつの間にか。
バレンタインデーの存在を気にするようになるなんて。
以前だったら——こんなことはありえなかったわ。
バレンタインデーなんて、そんな習慣は——ただ時
流に乗って騒ぐだけの——軽薄で真実のないものだ
と思っていたから。

だって——。
自分が思いを寄せる相手に告白をするなんて——。

そんな生涯にただ一度の大切なことを——ただ世間
の誰かが推奨している日だからっていう理由で、この
日にしようと決めるなんて——。
どう考えてもおかしなことでしょう？
幼稚で——一人前の——人間がすることではない
と、そう——思っていたの。

でも——。
今になってみたら。

バレンタインデーなんていうものを、愛の告白をする
日として考えた人の気持ちが——少しはわかるよう
な気がするのは——。
なんだかやっぱり本当に不思議なものね。

だって——そう。
好きな人ができたら。
そうやって誰かに背中を押してもらわなかったら
——。
とても告白なんて、できない——。

そんな気持ちがわたくしにもやっとわかったみたい。
ウフフ♡

それでも——チョコレートを贈るのは定番すぎて、
わたくしには似合わない気がするから。
花を一輪——贈ってみようかな？
これがわたくしなりの愛の告白だって——気が付い
てくれるといいのだけれど。

黒澤ダイヤ
KUROSAWA DIA

冬の休日のお楽しみは──
本堂のすみっこでゴロゴロ
ゆっくり読書ずら♪

みんなの日記
Aqours Diary
国木田花丸より

マルの家は、お寺さんで──おうちには大きな本堂があります。

小さい頃はちょっぴり怖くて──。

だって、古い木造の天井の高い本堂は──照明もちょっとしかついてなくて、壁も柱も使い込んでくすんだこげ茶色──。

お堂の片隅や柱の陰のそこここに──。
なにか得体のしれないものが潜んでそうな暗がりがあって──。
お堂の真ん中に鎮座まします仏さまも──見上げるとお顔が半分陰に隠れて。

やっぱり、コワイずら……。

でもね。

冬だけは特別なんです。

冬は、陽射しは弱くなるけれど、お日様の角度が低くなって──平屋の本堂の奥深くまで、ちゃんと陽射しが差し込むようになって。
柔らかい冬の陽射しに──どこもかしこも反射してキラキラ。
障子のガラスも──光ってる♪
いつもはくすんだ柱や壁も、その光に照らされてあめ色に輝いて──。

そんな本堂の隅っこで。
いつも積み上げてある法要のためのお座布団が、気持ちよさそうに日向ぼっこをしているのを見ると──。

ウフフ♡

なんだかマルも誘われて──。
ポカポカ♡
一緒に、日向ぼっこしたくなっちゃうずら♪

お日様に照らされてぬくぬくあったかくなったお座布団に埋もれて──。
こんな風に本を読んでいると。
しんと静まり返った本堂の中は──。
なんだか違う世界に行ってしまったかのよう。

マルも、物語の中に登場するちっちゃな猫ちゃんになったような気持ちで──今日はここから、冒険の旅に出るずら♪

後ろから、曜の勇ましい声が聞こえてくる。
すると──。

勝手に体が駆けだしてた。
タタタタ──と軽いダッシュの足音があたりに響いて。
私は──逃げる。
その気もないのに。
つい──体が反応しちゃって──。

フフフ。
昔からこう──なんだよね。
いつだって突然始まる──曜との鬼ごっこ。

それは──帰り道の途中で。
学校の廊下で。
お昼を食べてる中庭で──。
時も場所も選ばないことばかりだけれど。
いつだって──。

「あっ！　見つけた‼　見つけたぞ、果南ちゃん──もう逃がさないぞ、ロッ
クオン、ヨーソロ♪」
そう曜が叫んだその瞬間。
始まるの。

曜がこっちに向かって走り始めたら──。
私は間髪入れずに反応して──。
後ろも見ずに走って逃げる。
曜は俊足だから、こんな時はなんといって
も初動が大事！
とりあえず──その時の自分にできるかぎりの全速力で足を動かして──。
走る。
トップスピードに乗ったと思ったら──少しだけ後ろを振り返ってみると。

曜が──。

満面の笑顔で──。
それはもう、楽しそうに──走ってた。

「待て待て、絶対につかまえてやる〜♪」って言いながら。
でも、その笑顔と足は、全然本気で走ってるようには見えなくて。

フフフ♡

その時、思ったの。
きっと今の曜と私は ──
同じ気持ち。
言葉にするのはなかなか難
しい気持ちが──走ってる
今の曜と私の間にある気が
する──。
それはきっと Aqours で踊っ
てる時と同じなにか。
ね、曜ちゃん──新しい1
年もこんな風に笑顔でずっと。
一緒に走っていけたらいいね
──♡

松浦果南
MATSUURA KANAN

OUR PRIVATE LIFE

果南

Kanan

2人の秘密教えてあげる

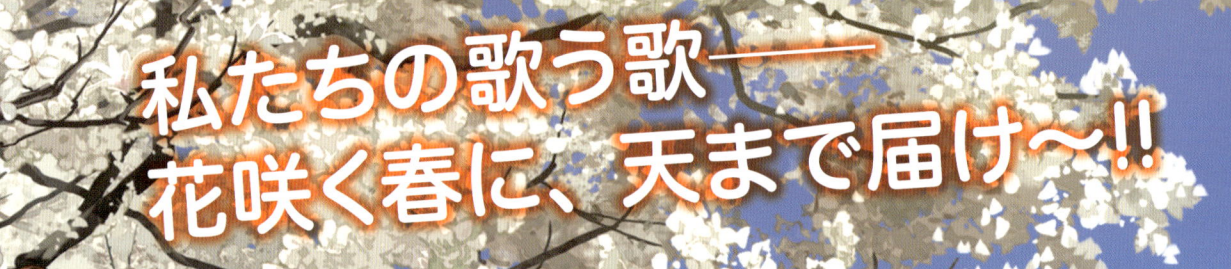

私たちの歌う歌——
花咲く春に、天まで届け〜!!

高海千歌
TAKAMI CHIKA

MESSAGE FROM CHIKA

毎日毎日寒かったけど。
ようやく――。
ちょっとだけ。
風の中に花の香り――。

――と思って果南ちゃんに、言ったら。
どれどれ――と横に顔を寄せて来た果南ちゃんが、チカと
一緒に、鼻のあたまをピクピクさせて――。

「うん、ホントだ、ふんわり――春の匂い」

そう言って笑った。
学校の帰り道――。

「でも――珍しいね、千歌が、焼きそばや焼き鳥や――な
にか食べ物以外の匂いを感じて、こんな風に喜ぶなんて!」
って言って果南ちゃんが笑うから。
「ぶぅ〜、ひどい!　なにさ、もう――そんなことない
よ――チカだってたまには、花の香りとか、季節の風とか
――そういうことだって、考えることあるんだからね!!」
怒ったふりして、ピョンピョン跳ねたら。

よけいに大笑いした果南ちゃんは――チカの頭をポンポン
とたたいて、〝わかってる〟っていうような――笑顔になった。

「じゃあ行ってみる?」

チカが聞いたら、「うん」ってだけ言って果南ちゃんがう

国木田花丸
KUNIKIDA HANAMARU

松浦果南
MATSUURA KANAN

なづくから。
よしっ、行こう──たちまち早足で、歩き出す。
「ええっ、どこどこ──どこにいくずら!?」
一緒にいたマルちゃんが──慌てた様子で付いてきて──
また2人、笑顔になった。

あのね、こういう時、いつも私たちが行く場所があるんだ。
それは──もうすぐ、本物の春が来ることを告げる、白い
花の咲く、小学校の校庭──。
いつも真っ白な心で、駆け回ってた──私たちの懐かしい場所。

春が近づくといつもこの時期に満開になるこぶしの花。
桜よりも──少しだけ前に咲いて、また季節が変わるの
を知らせてくれる。

いつも思うんだ。

春は──嬉しくて、でも切なくて。
どこか胸が痛くなる季節。
過ぎていくものと新しく始まるものと。
両方を感じていられるのは、あともう少し、今この時だけ──。

いつか、こんな気持ちを──上手く歌えたらいいな。
遠く空の向こうまで届くように。
そうしたらきっと嬉しい。
今感じてるチカのこの気持ちが──。
ずっとみんなの中に、残りますように──。
内浦の今が、ずっとずっと──Aqours の歌の中に
結晶みたいに残っていってくれたら──いいな──。

桜内梨子
SAKURAUCHI RIKO

遠く離れたこの場所で――私、
飾らずに輝く心を見つけました♡

みんな――元気ですか？
引っ越しをしてから、もうすぐ１年がたちます。

最初はすごく不安だったけれど――でも、みんなが応援
してくれる中、なんとかこっちにやって来て――。
今はなんとかがんばってます♡

みんなが言ってた通り、こっちは海があって、山の緑や、
自然も豊富で――海の幸に山の幸、気持ちのいい温泉も
あって、すごく素敵なところです。
通学路の脇で大きな網に干してあるお魚の干物を――猫
が狙っている姿を初めて見た時は――ちょっとビックリ
もしたけれど――クスクス♡

でも、そんな光景にも今ではすっかり慣れました。

転校した先の浦の星女学院では――みんな親切で、友達
もすぐにできました。
人見知りの私が――嘘みたいでしょう？

それどころか――じつは、その友達に誘われて、スクー
ルアイドルまで始めることになったなんて――。
フフフ♡

みんな、ものすごく――驚くよね、きっと。
あの、地味で引っ込み思案な目立たない梨子が――って。

でもね、そんな私にも――こうして。
華やかな衣装を着て、歌って踊る勇気と――笑顔をくれ
た場所に。
今、私はすごく、とっても――感謝しています♡

いつか――そんな私を、東京のみんなにも見てもらえた
らいいな。

いつか――。
今よりも少し大きなライブができる時がきたら――チ
ケットを送ります。
その時には、みんながきっとびっくりするような梨子をお
見せするので――楽しみにしていてくださいね♡

スイートでラブリーな
ハッピーホワイトデー♡のはずが──
マリー負けない!!

みんなの日記
Aqours Diary
小原鞠莉より

うーん……。

なんでこうなっちゃうのかしら？

謎だわ──。
ミステリー!!!

梨子やマルがやってる時は、すごくカンタンそうに見えたのに──。

でも！
今日のマリーは、諦めるわけにはいかないの♡
だって──もうすぐやってくるホワイトデーにみんなにスイートなプレゼントをするために

──がんばるって決めたんだも〜ん♪
でも──。
それにしても、ホームメードのお菓子って思ってたより大変──。

今まで Aqours のメンバーのみんなは、わりと気軽に作って持って来てくれてたから──そんなに難しいと思ってなかった……。
マズイわ。
曜の気持ちがなんだかちょっとわかってきちゃった──。

型抜きクッキーとか──たしかにすっごくかわいいけど。
きれいに作るのって、めっちゃ大変〜〜!!
なんでキラキラきれいなお星さまのはずが、うねうね曲がって──ヒトデになっちゃうの!?
わぁーん、これじゃあ「スポンジ ボブ」の世界

になっちゃう──。
ああ、もう予定ではこれにさらに、チョコレートコーティングやスプレーチョコやチョコペンでデコレートもする予定だったのに──。
大丈夫かな？
Mary,are you OK ？
Yes,of course ！
I'm OK!!!

よしっ、気合入れなおしていくわ──。
みんなの笑顔が──見たいものね？
うん♡
イベントデーに大事なのは、なんといってもサプライズ♪
マリーの初のスイートなホームメードスイーツ、こうなったらデキはどうでも──絶対みんなに食べてもらうんだから！
楽しみに──待ってなさいよ !!!

千歌ちゃんの髪って――。
元気で素直ね。

まっすぐで――力があって。
まるで、性格をそのまま表しているみたい。

こうして編んでいても――。
サラサラ――。
少しでも手を緩めると、すぐに、ほどけてまっすぐに戻ってしまいそう。

――クスクス♡

それにしても、鼻歌なんて歌っちゃって。
慣れてるのね。
千歌ちゃん――もしかして、小さいころから、お姉さんたちに編んでもらったりしていたのかしら？

そっか――。

だから、油断して。
全然、髪の毛のことなんて気にせずに――フェンスの破れ目から近道して中庭に侵入したり――しちゃうのね？

でも、だめよ――もう高校生なんだから。
年頃のかわいらしい女の子は――。
そんなヤンチャなことしちゃいけないの。
こんな風に――髪も乱れてしまうし。
万一、スカートにひっかかって破れてしまったりしたらたいへん――。

今日はわたくしがいたからいいけれど――。
もうこれからは、こんなことしないのよ？

ボサボサの三つ編みで、その辺を歩いていたらかわいそうな子だって思われてしまってよ？

それに――。
これでも一応。
れっきとした、浦女を代表するスクールアイドル――なんでしょう？
――クスクス♡

まったくもう――まるで手のかかる妹がもうひとり増えたみたい♪

今日は――おうちに帰ったら、ちゃんと宿題もやるのよ？
わかった――？？

高海千歌
TAKAMI CHIKA

もう――女の子なんだからもう少し、身だしなみには気を付けましょう――

黒澤ダイヤ
KUROSAWA DIA

OUR PRIVATE LIFE

ダイヤ
Dia

2人の秘密 教えてあげる

Q and A

もっと聞きたい Aqoursのこと

Q1 TO CHIKA

旅館では節分になにかされていますか？

節分と言ったら鬼退治！ チカの家の節分は、イワシの丸干しとお豆と昆布の煮物が必ず付くよ〜♡ 玄関におっきなヒイラギとイワシの頭も飾るし。あとの定番は──なぜかおしるこ！ なんでかな？ たぶん、節分とは関係ないと思うんだけど──。やっぱり、あれかな、正月のおもちが余ってるからかな？ チカはおしるこは絶対おかわりする派です!!

Q2 TO RIKO

バレンタインデーのチョコレートは、手作り派ですか？買ってきたものを渡す派ですか？

以前は、梨子の手作りなんて──あんまり美味しくないだろうし、きれいじゃないし、なんか重たいと思われるのも困るし──って思って、やっぱりパッケージもおしゃれな市販品を買ってたんですけど──浦女に来てからはみんながリクエストしてくれるので作って──配ってます♡ 女の子にしかあげたことないけどみんな喜んでくれて嬉しいの♡

Q3 TO KANAN

静岡は雪があまり降りませんが、もし、雪が降り積もったら、一番最初になにがしたいですか？

1番最初にしたいこと──っていうか、たぶん1番最初にしなきゃいけないのは、お店の前の雪かき、になっちゃうと思うんだけど──クスクス♡ なんかそれだといかにも生活の匂いがするから──やっぱりここは、真っ白な海岸に足跡をつけに行く！ にしておこうかな？ めったに雪が降らない海辺の街で──奇跡みたいな真っ白な海岸、一緒に見たいね♡

Q4 TO DIA

風邪の予防対策はどんなことをしていますか？

風邪の対策と言ったら、手洗いうがい、睡眠と栄養はきちんと取って、休日などになるべく人混みに行かない──そんな基本的な対策の励行を徹底することでずいぶん防げると思うわ。あとはもちろんインフルエンザの予防接種も忘れずに。注射が怖いなんてルビィみたいなことを言っていると大事なライブの日に熱を出すことになりかねないんだから──。

Q5 TO YOU

「渡辺」という名字の人は、節分に豆まきしなくていいと聞いたのですが、曜ちゃんの家もそうなんですか?

ええええええ──!?!?!? なにそれ──っ!?!? そんなの初めて聞いたよ──ヨーソロ♪ うわぁ、びっくりしたなぁ〜、そんなの、もちろん曜はいっつも毎年、いーっぱい、盛大に撒くよ、節分のマメ。なんかさ、お相撲さんになったみたいで気持ちよくない? 四角いマスに山盛りのマメを「鬼は〜外!!」って撒き散らかすの♪ 翌日はいっぱい鳥が飛んでくるよ〜♡♡

Q6 TO YOSHIKO

受験に臨むリトルデーモンにエールを送ってください!

まあ、大変、私のリトルデーモンは受験なの? 大丈夫、きっと受かるわ♡ 安心して♡♡ 小悪魔の私が言ってるんだから間違いないわ。だって今、この世のありとあらゆる不運はこのヨハネが──この身で一身に背負ってるんだもの、リトルデーモンたちにまで回る悪運はもう1ミリも残ってないの♡ 苦しい時には思い出して。ヨハネがいる限り──キミは幸運よ♪

Q7 TO HANAMARU

お年玉はなにに使いましたか?

お年玉は、ずっと欲しかった本を5冊くらい買って──あとの残りは、全部銀行に貯金してあります♪ エへへ──つまらない使い道で、ごめんなさいずら♡ 昔から、お年玉を使うのになんだかドキドキしちゃうたちで──。おらもルビィちゃんみたいにパァっといっぺんに使えたら楽しいのかな? って思うけど──なかなかそうもいかない性格みたいずら……。

Q8 TO MARI

インタースポーツの季節です!! どんなスポーツがやりたいですか?

ボードにスキー、スケート──今年はオリンピックもあるし、本当に楽しみね! マリーはどっちかっていうとボードよりはスキーのほうが好みかな? リフトに乗っておとなしくゲレンデを滑るよりは、ヘリコプターで山に登っちゃってそこからゴーカイに滑り降りるのが気持ちいいから好き♡ きれいな景色を見ながら冷たい雪の上を滑降する気分は最高ね♪

Q9 TO RUBY

レンタインの季節、チョコの誘惑にどうやって立ち向かいますか?

ええ〜、立ち向かう──のは無理だよぉ♡ だって──チョコレートでしょう? うーん……無理無理。想像しただけでも──今目の前にチョコレートがあったら絶対ぱくぅって瞬時に食べちゃう♡♡ バレンタインの季節は、とくに珍しいのやかわいいのがいーっぱい出るし♪ ね、だから一緒に食べちゃおっ♪ ダイエットのことは後から考えれば大丈夫だよぉ♡♡

犬も食わない姉妹（きょうだい）ゲンカ
曜はどっちでもいいから、
もう早く決めようよぉ——

黒澤ルビィ
KUROSAWA RUBY

渡辺 曜
WATANABE YOU

MESSAGE FROM YOU

「だから絶対こっちのほうがいいってばぁ！」
「そんなに子供っぽいものは——わたくしには似合わないってば‼」
「え——なに言ってんの、そんなの着てみなきゃわかんないじゃん‼！」
「見ただけでわかるでしょう、普通——っていうか、それって完全にルビィの趣味じゃない。かわいいからあなたが着ればいいわ。それで、わたくしにはもっとこう、上品なテイストの——」
「だから——もう、お姉ちゃんは、そう言っていつも同じような服ばっかり選んでるからダメなんだってば‼‼ せっかくの新しい衣装なんだから、たまには人のアドバイスも聞いてさ、もっとかわいく——」
「ダメ⁉ ちょっと、ルビィ、このわたくしがダメっていったいどういうこと——‼‼‼」

ああ。

黒澤ダイヤ
KUROSAWA DIA

なんか——。
黙って見てたら——。
どんどんエスカレートしてるんですけど。

どうしよう。
これって——私が、なんか介入するべき？

この2人の姉妹ゲンカって、案外——激しいんだね。
知らなかったよ……。

あ、あの——さ。
こうなったら、ルビィちゃんのいいのと、ダイヤちゃんの
いいのと、ひとつずつ——。

「もう——だからさっきから言ってるじゃん、一度でいい
から試してみてって!!!!!!　いつも食わず嫌いはいけないっ
て言うのはお姉ちゃんなのに——!!!!!!!!」

ああ、やっぱりダメだ——。
曜の声なんて全然耳に入ってないみたい。

……。

……クスクス♡
それにしても、ルビィちゃんって、やっぱ——。
見た目よりしっかりしてる、よね？
あ、あはははは——♡

あ——もうしょうがないから。
曜はここでおやつタイムにでもしようかな——。
2人とも1番上品でかわいくなる衣装が見つかるといい
ね。
私は——余ったやつからなにか適当に選ぶから、どうぞ
ごゆっくり、ね♪

今日のヨハネは──。
バンパイアよ♡

約束通り──誰にも言わないで来た？
フフ──偉かったわね♪
ここまで──1人で来れて♡

ずっと──待ってたの。
この咲き誇る満開の薔薇の花の下で。
あなたの生気を吸い取って──私の命にするために。

フフフ♡
その身も心も──私に捧げて。
私の美しさに尽くすことは──あなたにとってもきっと
この上ない喜びでしょう？

──いいの。
わかってるわ。
あなたの──気持ち♡

さあ、私に──すべてを差し出して。
もうなにも考えなくていいの。
目をつぶって、こっちの世界に身をゆだねて──。

それだけであなたは世界で1番幸せな、私の生贄になれ
るわ──。

……。

って、どうしよう──。
本当にこの後、キ、キキキキスとか──するわけ!?
ごめん、やっぱ無理だわ──バンパイアごっこは。
素直にこれからも、小悪魔ヨハネとして──やっていく
ことにするわ──。

咲き誇る薔薇の花の下で秘密の愛が
あなたを永遠に捕まえるわ──♡

津島善子
TSUSHIMA YOSHIKO

内浦の春は——
柔らかな水の匂いとともに
やって来る——♪

みんなの日記
Aqours Diary
松浦果南より

あああ——もう♪
まあ、いっか。

もうこうなったら——
頭からかぶっちゃってもおんなじだよね♡
——クスクス。

まったくもう—— 千歌たちと一緒に、屋外の
掃除をしてるといっつもこう。
デッキブラシやモップを構えて——。
水を使い始めたが最後。
必ず盛大に水しぶきを飛ばしあって遊び始める
ことになって——。
全身びしょ濡れになっちゃうんだから！

それにしても——。
ずいぶん気温が上がって。
こうして——水しぶきを体いっぱいに浴びても。

気持ちいいくらいに感じられる季節が——。
ついにやってきたね♪

理由もないのに——なぜか。
わくわくして。
どこか——期待に胸が膨らむ季節。

吹く風には——花の香りや緑の香り。

そして——漂う柔らかな水の香り。
強い陽射しになにもかもが熱く焼かれて、匂い
の飛んでしまう夏とは違って——。
こんな風に。
すがすがしい水しぶきに包まれると——。
またなにか新しいことが始まる気がするね♡

この海辺の街で——ダイビングを仕事にしてる
私にも。

新鮮に感じられる、透き通った春の真水——。

この水しぶきの向こうに見える——淡い虹の向
こうに。
なにか私たちを待ってる新しいゴールが見える
気がする。
うぅん、それはゴールじゃなくて、スタートラ
インかな？
私たちが——手をつないで駆けていくのを待っ
てる、新しいスタートライン。
見えたらたちまち——なにも考えずに走り出す
千歌の後を追って。
私も早く—— 駆けて行かなくちゃ——。

わああ──。
鞠莉ちゃんってば、スゴイ──。
さっきまであんなに怒って、威嚇してた猫ちゃんなのに──。
すっかりなついて。
抱っこまでしちゃうなんて！

やっぱり──。
心の優しい人のことは、動物だってわかっちゃうんですね、きっと──。

学校の帰り道。
いつも──おなかをすかせた顔で──。
道を歩いてるこの猫ちゃんのことが、マルはずっと気になってたんです──。
今までに何度もなにか食べるものをあげようって思って、チャレンジしてきたんだけど。

いつも──近づくだけで、猫ちゃんが逃げて行っちゃって。
全然あげられなくて──。

やっぱりマルが──緊張してるのが伝わっちゃうのかなぁ？
怒らないかなぁ、びっくりしないかなぁって、考えながら、おそるおそる──マルが近づいていくだけで。
キシャーって牙をむいて威嚇して──跳んでいっちゃう猫ちゃん。
ああ、おなかすいてるはずなのに、余計に体力使わせちゃったって、マル、いつもいっそう落ち込んじゃって──。

でもね──そんな最中──今日、ぐうぜんここを通りかかった鞠莉ちゃんが、そんなおらの様子を見て大笑いしながら、話を聞いて──。
「ミィミィ〜、ちっちゃなかわいいキディキャット〜♪」って小さく歌うように唱えながら、近づいていったら。

まるで魔法!!
すごいずら〜！
鞠莉ちゃんって実はソロモン王の指輪の持ち主かもしれないずら!!
誰にでも伝わる暖かいハートは
──きっと、世界で1番の
見えない宝物なんですね♡

小原鞠莉
OHARA MARI

OUR PRIVATE LIFE
花丸
Hanamaru
2人の秘密教えてあげる

国木田花丸
KUNIKIDA HANAMARU

ちっちゃな子猫ちゃんにも──
優しい人はわかるんですね♡

夏のライブに向けて──Aqours、ただいまGWの学校合宿中です♪

MESSAGE FROM RUBY

ボスッ──。

大きな音がして──後ろを振り返ると。
梨子ちゃんの顔面に、大きなマクラが直撃ヒット～！
うわあっ、鞠莉ちゃんって、スゴイ～!!
メジャーリーグなみの剛速球飛んできた♪

と、思って見ていたら──。
今度は。
キラリと光る鞠莉ちゃんの瞳と──目が合った。

あれ？

あれあれあれ～？？

……。

うわあっ、マズイ、逃げなくちゃっ!!
今度はルビィが狙われてるよぉ～！
マルちゃん、助けて──♡
きゃああああああ～～～♪♪

──というわけで。
今日から私たちAqoursは──もうすぐやってくる、夏
のライブの練習のために、学校合宿で教室にお泊りに来て

桜内梨子
SAKURAUCHI RIKO

小原鞠莉
OHARA MARI

います♡
机といすをすっかり片付けた教室の隅にできた──レンタルお布団の山!
最初に見た時は、ルビィはビックリするのと同時に、学校にお布団がいっぱいなんて──なんだか不思議な感じがしたけれど。
鞠莉ちゃんは、それを見るなり
「イエス、アイルヒットユー!」
って叫んで──えへへ♡
始まっちゃった、マクラ投げ♪

やっぱり、みんなでお泊り会する時って──こういうの

が、いっちばん、楽しいよねぇ♡♡
調理室でみんなと作ったカレーライスの夕食に、黒板でする◯×ゲームに、マクラ投げ!
ようし、こうなったらルビィはお姉ちゃんを狙ってみようかな?
見つからないように、こっそり後ろから回り込んで──いつもクールな顔のお姉ちゃんを直撃、なんて♪
エへへへ♡
明日からの練習もとーっても楽しみで、今年のルビィはステキなゴールデンウィークになりそうです!

だれかを待ってる時間は——いつも。
マルに不思議な優しい時間をくれるの——。

待つ時間は——いつも。
マルに静かで優しい空気をくれます。

こうして——駅で電車を待っているとき。
学校の近くのバス停でバスを待つとき。
Aqoursのメンバーの誰かと—— どこかで待ち合わせた
とき。

臆病者のマルは、遅れるのがこわくて、いつも約束の時間
よりもずいぶん早めに行くから——待っている時間はい
つもこうして本を読んだりしています♡

千歌ちゃんやヨハネちゃんや——ほかの人に聞くと。
みんな——。
いつだって待つのはキライ、退屈でつまらないし、イライ
ラするし——って言われてしまうけど。
"マルちゃんは、いつも穏やかで辛抱強くてえらいね"
なんて言われると——。
おら——それはなんだか少し違う気がする——。

だって——。
きっとマルは、待つことがちょっぴり——。
好きなんだと思う。
だって——。
なにかを待ってるってことは。
いつだって。
その先になにか——楽しいことやステキな人が待って
るっていうことだと思うもの——。

いつ現れるかわからない——でもきっと絶対に現れる相
手を待って。
少しだけ——期待で胸をドキドキさせながら、待つ時間
がマルは好きです♡

きっと——マルは欲張りなんだと思うな。
約束を——その約束が始まるずいぶん前から、こうして
たっぷり楽しんでるマルは、きっと本当はAqoursでも1
番の欲深さんなのかもしれないって思うずら♪

国木田花丸
KUNIKIDA HANAMARU

ちょっとずつちょっとずつ
慎重に——っていうのが
1番苦手なんだよなぁ～！

みんなの日記 Aqours Diary

高海千歌より

チカってさ——。
前髪伸びるの、ほんっと、早い——。

なんでだろ。

ちっちゃい頃は、エロいヤツは髪伸びるのが早いんだ——とかってからかわれたりしたけど。
でも、どう考えてもチカは——そうゆうの関係なさそうだし♪

あーあ。
また切らなくちゃ。

チカはさ——前髪が伸びて、目に入りそうになるのがすっごい、苦手なんだよね。
Aqoursの練習で踊る時とか、もうすっごーい邪魔になるし。

だから——。
毎回美容院で切ってもらうまで待てなくて——自分で切っちゃう。
開店！　おうち美容室♪

でも——。
じつはあんまり切るのが得意じゃないのが問題なんだよなぁ～……。
うーん、やっぱり今日も失敗しそうな予感。
だいたい——この辺でいっかなって、適当に決めて切ったところが、ばっさりナナメになっちゃって——。
しまった、修正しなきゃ！　って思って長く

なってるほうをカットしようとすると、今度は逆向きの大きなナナメになって——。
まずい、直さなきゃ！　まずいマズイ——。

——って、繰り返してるうちに。
気が付くと。

ものすごーく短くなってる、チカの前髪。

翌日、学校に行くと面白がられて——みんなのアイドルになれちゃう——んではあるけどさ♡
あはは♪

うーん、それにしても。
チカはやっぱり——美容師さんには絶対なれなさそうだね。
よし、せめて今日は！
眉上1センチ以内で収めるのを目標にするぞ!!

松浦果南
MATSUURA KANAN

ほらほら、早く早く早く〜!!
ダメよ、ほら、早く逃げなきゃ♡

――クスクス♪

やったぁ〜、これで果南ちゃんも、もうヨハネと同罪ね♪
お掃除サボリ♪♪
これでもう――怒られる時は一蓮托生よ♡♡

ああ〜よかった♪
お掃除のタテ割り班が、果南ちゃんと一緒で！　だいたい、いくら生徒の
人数が少ないからって――たった6人で、この廊下中の掃除しなきゃい
けないなんて――そもそも無理なのよ。
無理無理！
それなのに――。
今日は――2年生の2人は遠足で不在、もう1人いる3年生は風邪で欠席。
1年生は、他の班はみんな2人いるはずなのに――クラスの人数が奇数
のせいで。
なぜかこの班だけ、私1人で――。
あああ、もう！
たった1人でのお掃除なんて絶対無理！

こんな時――赤信号、みんなで渡れば――やっぱり事故にあう！　らし
いけど、でも!!
1人で――渡るのはやっぱり――怖いじゃない？
だから――こんな時は。
ウフフ♡
悪の道連れ、よ。果南ちゃん♪

いや〜ん、私ってほら、悪魔だし、運が悪いってずっと思ってたけど――
こんな時に、一緒に残った掃除当番の相手が、果南ちゃんだったなんて
――。
これはけっこうスゴイことよ？
もしかして、なんかちょっぴり――運が向き始めてきたのかも――♡♡

――あ、やだ、どうしよう――運がよくなり始めた悪魔だなんて――こ
れってもしかしてアイデンティティクライシス!?
自己崩壊の危機!?!?

でも――まあいっか♡
今日はお掃除さぼれたし――これでいいことにするわ♪
早く家に帰って続きをしたい――作りかけの衣装があるの。
いい、果南ちゃん！　このまま一気に校門までダッシュよ――。

津島善子
TSUSHIMA YOSHIKO

ヨハネの手をとって——一緒に逃げたら、
これでもうアナタも
立派なアクマの一味よ♪

乙女の清らかな歌声は
聖なる教室に満ち──

桜内梨子
SAKURAUCHI RIKO

MESSAGE FROM RIKO

ウフフ♡
2人とも綺麗な声──。

曜ちゃんは、ふだん水泳をしてるせいか、意外なくらい声量があって──。
ヨハネちゃんのほうは、透きとおった声質の良さがすごく魅力的♪
すごい。
こんな風に改めて聞くと──。
2人とも歌が上手いんだ♪

なんだか──聞いてると、ワクワクしてきて。
私はただ、伴奏しているだけなのに──。
ちょっとだけ♡
才能のある生徒を見守る──先生の気分♪

なんて。
フフフ♪

今日、浦女では、5月の聖母月を祝う行事があったの。
ミサや行事がある時は、聖歌隊が出て歌うんだけど──。
今日は3年生がいなくて。
ただでさえ少ない聖歌隊のメンバーが、さらに──。

………。

こういう時、人数が少ないのって、やっぱり大変──ですよね。
でもね。
その話を聞いて、みんな思わずしょんぼりしちゃって──
やっぱり、浦女ってもう終わってる──っていう空気が

渡辺 曜
WATANABE YOU

津島善子
TSUSHIMA YOSHIKO

漂っていた、朝の教室前の廊下で。
もう、メゾソプラノがゼロになっちゃう、どうしよう――って、オロオロ。
1人困ってるマルちゃんに――。

いつも。
なんにでも一生懸命で。
きっと、困ってる人を見たら、真っ先に――駆けだす人。
というわけで――そんな曜ちゃんにつられて、ヨハネちゃんも♪

高海千歌
TAKAMI CHIKA

ポツポツ──。
さみだれ。

ざあざあ──。
土砂降り。

ごうごうと──。
滝のように、流れる落ちる雨もあれば──。
シトシトと──。
音もなく霧のよう舞う雨もあるね♪

チカは──雨が好き。
しとしともポツポツもざあざあも。
みーんな♡

大きい粒や小さい粒。
雨たちがみんな、思い思いのリズムで、チカの身体に降り注いで──。
一緒に遊んでるみたいな気がする♪
この高い薄灰色の空の上から──。

チカのところに遊びに来てくれたんだよ、きっと。
──えへへ♡

だから──雨が降ると歌いたくなる。
一緒に歌って。
濡れて──踊る。
ひんやり、冷たい雨の粒が──気持ちいい♡

こんなことしてると──。
ああ、千歌ちゃん、また、傘忘れてる！──って、見てる人は言うけど。
でも──いいの♡

雨が降ったって──べつに。
傘がなくても生きていけるよ？

キラキラ輝く太陽にカンカン照りの夏の海も楽しいけど──こんな日も楽しい海。
チカと一緒に──ここで歌ってくれる人、大募集中です!!

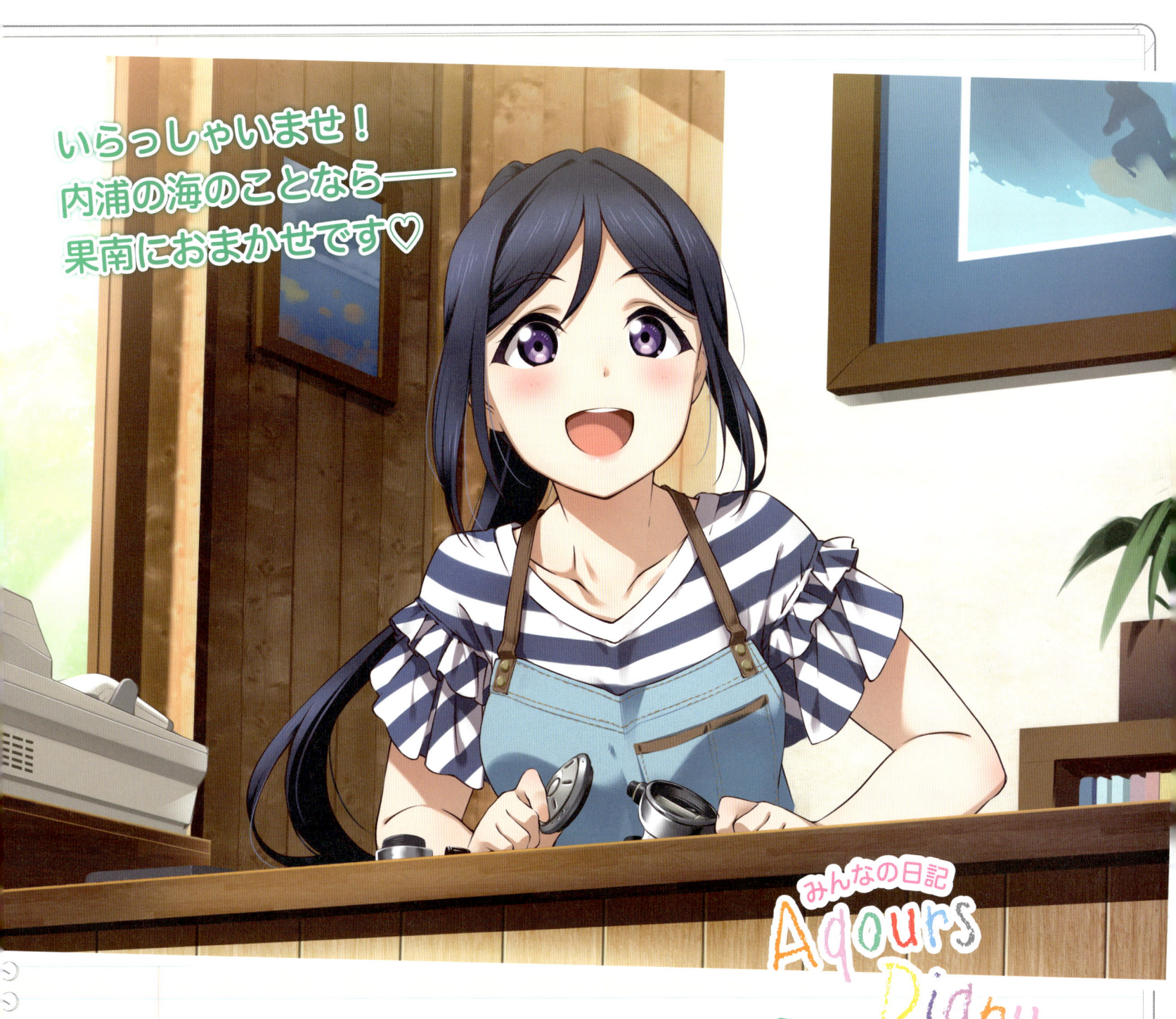

いらっしゃいませ！
内浦の海のことなら──
果南におまかせです♡

みんなの日記
Aqours Diary
松浦 果南 より

って──。
なぁんだ、あはは♡

千歌たちか──。
緊張して損しちゃった！
エヘヘ──。

うん、そうだね──店番にはずいぶん慣れたつもりだったけど、やっぱり、まだ少し緊張してるみたい。

とくに──今みたいに。
夏が近づいてきて──そろそろ海のシーズンが始まるっていう時期は、お客さんがちょうど増え始めるころで──。

カランカランって──。

この玄関ドアのベルがなると、少しだけ身体がビクッてしちゃう。
あはは──きっと冬の間はどれだけヒマだったかっていうことの証拠だよね♪

今日は──今年の休日の店番初日。
これがだんだん日にちが過ぎて──もう真夏のころになると。
毎日、予約の電話やレンタルの機材の準備、リペアなんかで、忙しすぎて──ドアベルの音にもすっかり慣れちゃう。
フフ♡

毎年のことだけど──。
なんだか不思議。

えっと──。
じゃあ。

さて。
今日はキミたちが、栄えある私のお客さん第1号なので──。
ちょっとだけ、サービスしちゃおうかな♡♡

って言っても──。
ウェットスーツやフィンを値引き──って言ってもきっと意味ないから♪

一緒に──アイスコーヒーでもどう？
シロップとミルクもお好きなだけどうぞ♪
果南のダイビングショップは、海を愛するみんなの──憩いのスペースです！

小原鞠莉
OHARA MARI

たまには本気の──
真剣勝負もいいんじゃない？

渡辺 曜
WATANABE YOU

OUR PRIVATE LIFE
★ ★
鞠莉
Mari
2人の秘密教えてあげる

Hey, You !
Over here ――カモ～ン♡♡♡

フフ♡

やっぱり曜はなかなか手ごわ～い♪
でも、ダメよ。
手加減はしてあーげないっと♡

ああ、それにしても――バスケットボールなんてやるの、本当に久しぶり！

やっぱり――楽しい♪

もしかして、私――意外と。
体育会系の部活とかが合ってたのかしら？
いやーん、今さらだけど、入っておけばよかったかな♪
案外フィットしちゃって、かっこいいけど、オニ特訓をさせる――こわーい先輩になっちゃってたかも～!!

――クスクス♡

うん。
いつも歌ったりダンスしたり――ピースフルな時間ばっかりのAqoursもいいけど。
たまにはこんな風に――エキサイティングなゲームをするのも悪くないわよね♪

他の部活がお休みのせいで。
めずらしく体育館が空いていた――こんな日には。
いつもとは違う、屋根のついた快適な環境で、いつものパフォーマンス練習、っていうんじゃ、やっぱりなくて。
いざ――ユニット対抗、3on3のリーグ戦!!
――クスクス♡♡♡

やっぱり、いつだって、今じゃないとできないことをしなくっちゃあね♪

ルールは――こう。
先に1セットとった方が勝ちで――今日のおやつの優先権をGET♪
相手チームに食い意地のはった曜と千歌が固まってるのはちょっと痛いけど―― 今はおやつ前だからお腹へって弱ってる可能性に期待ね♡
こっちには――驚異の悪魔のヨハネがいるし、梨子には頭脳プレーを期待――。
　そして最後には、私、実力のマリーが必ず――勝利をつかんで見せてあげるわ？

Q1
TO CHIKA
千

歌ちゃんの服はお下がりが多いですか?

うん、ちっちゃいころはもうお下がりばーっかりだったよ♪ でもその分、たーっくさんあったから、いろんな服が着られたし、汚したり破いたりしても、全然怒られないですんだから、そこはよかったかな♡ でももう最近はみんな大きくなったからお下がりはなくなっちゃった。だから愛用のショートパンツは全部チカだけのものだよ〜♪

Q2
TO RIKO
冬

のファッションで好きなものはありますか? もしくはワンポイントなどありますか?

冬はマフラーをするのが好きです♡ でも髪の毛が長いから──いつも巻き方にはちょっぴり苦労してます。小さめのマフラーはコンパクトに巻けるんだけど、大きくてフワフワのマフラーは髪の毛が広がっちゃうし、静電気が起きるし──だからちょうどいいサイズのものを見つけると嬉しくてついすぐに買ってしまうの♪ 悪い癖です♡

Q and A

もっと聞きたい
Aqoursのこと

Q3
TO KANAN
ふ

だんはどのような私服を着ることが多いですか? ワンピースなどかわいい系の服を着た果南ちゃんも見たいです!

クスクス──お察しの通り、あんまりワンピースは──着ないかなぁ♡ そもそもスカートは、はいたとしても、スポーティーな雰囲気のばっかりなんだよね。圧倒的に多いのはTシャツにデニム。動きやすくて濡れてもOKな服をつい選んじゃう。下に水着を着て、脱げばすぐ泳げるようにしてる日は、よくダイヤから小学生かって突っ込まれてるよ〜♪

Q4
TO DIA
挑

戦してみたいファッションはなんですか?

映画の「ローマの休日」に出ていたオードリー ヘップバーンみたいに──キリッとして上品なスタイルがわたくしの好みよ。イメージ通りでつまらないかもしれないけれど、きっと1番似合うと思うの。あとは──民族衣装にも興味があるわ。だって、言ってみれば和服もそうでしょう──アオザイとかカフタンとか、伝統衣装には独特の美があると思うの♡

Q5 TO YOU

世界にはいろいろな制服や
民族衣装がありますが、
着てみたいと思う服はありますか？

世界の制服!?　うーん——なんか、難しそうで、曜にはどんなのがあるか、あんまりよくわからないけど——やっぱり曜が世界で1番着てみたいと思うのは、海の上を走る大きな船の船長さんの制服!!　かな♪あんまり女性の船長さんって曜は知らないけど——制服もかっこいいといいな！　金モールは絶対に外せないよ～♡♡

Q6 TO YOSHIKO

シャレは我慢といいますが、
堕天使の姿も我慢が必要ですか？

あれは——ヨハネの真実の姿だから、べつに——た、大変なんてことあるわけがないわよ！　背中に背負う羽の重さが3キロあるとか——そういうのは——べつに関係ないし!!　ただ——真夏の暑い日には——真っ黒の悪魔姿はやっぱりちょっと大変ね……。地上の太陽のくせに、まるで地獄の業火の中にいるんじゃないかって思うくらい、暑く感じるわ——。

Q7 TO HANAMARU

し都会のおしゃれに挑戦するなら、
どんな服を着てみたいですか？

都会の、おしゃれ——ですか。うーん……どんなんだろう、都会のおしゃれ——ごめんなさい、マル、どうもおしゃれにはうとくて——もしかしたら違ってるかもしれないけど、都会にはきっとオシャレなメガネがいっぱいあるんじゃないかなって思うから——行ったらぜひ、いろんなメガネを見てみたいと思うずら♡　メガネに似合うお洋服もあったらうれしいな♪

Q8 TO MARI

莉ちゃんが乗馬の際の
ファッションは？

とくに決まりはないけど——ジャケットが上品なヨーロッパスタイルじゃあ全然なくって——カウボーイスタイルが基本ね♪ダンガリーやチェックのシャツにデニムで乗っちゃう時が多いかな。ただ、ブーツだけはどうしても必須だから、デニムに拍車のついたブーツだけは決まってる感じ？ハットは大きめのテンガロンやカウボーイが好きよ♡

Q9 TO RUBY

味がお洋服ということですが、
ファッション誌をよく読まれますか？

うん!!　十代女子向けのファッション雑誌もよく見るし、もちろんアイドルがいっぱい載ってる雑誌も細かくチェックしてるよぉ～！　最近はスタイルのいいアイドルが多いから、ちびっ子のルビィは苦戦してるけど、それでもなんとか自分でも着こなせるように、頑張って研究してるんだぁ♡　ルビィにおすすめの衣装があったら皆さんもぜひ教えてください!!

Aqours 2nd LIVE TOUR 直前メッセージ

高海千歌

いよいよ夏休みがやって来たね〜！ エヘヘ♡ なんといっても夏は内浦の海が最高に輝く季節っ♪ この水面の輝きに負けないくらい——チカたちもめいっぱいがんばっちゃうよ！ ライブツアーも絶対がんばるから、みんな絶対ついてきてねっ!!!

キラキラ光るサンシャイン♪ 今年も——私たちの季節が始まるよ!!

夏って——ほんの少しだけ開放的な気分になっちゃいますよね♡

桜内梨子

いつも退屈だった夏休みも——今年はAqoursのライブと練習でスケジュールはいっぱい！ 毎日眩しい太陽の下で大きな声で歌っていると——身も心も開放的な気分になって、なんだかちょっぴり今までと違う梨子になれそうです♡

みんな、夏を満喫してる？ 私は人生でAqoursのライブの練習で、1番海に潜っていない夏になってる気がする。海に潜る代わりにみんなの待ってる客席にダイブ!! だね。すっごく楽しみにしてるから待っててね〜♡

松浦果南

Aqoursと一緒に熱い夏をめいっぱい楽しんじゃお〜♪

真夏の太陽にダイヤの笑顔——わたくしと一緒に輝きましょう!

黒澤ダイヤ

いつも冷房の効いた場所にいて、普段あんまり汗をかくことのないわたくし——炎天下の屋上練習でも汗をかかなくてみんなに不思議がられています……でもそんなこと——乙女のたしなみよね♡ ダイヤの涼しい笑顔をあなたに送りますわ♪

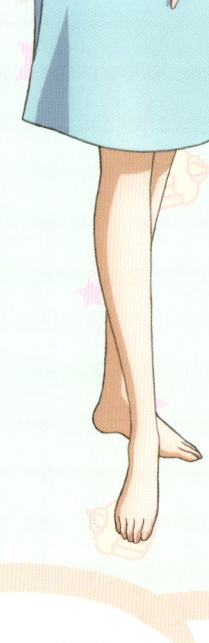

Aqours Special Message board

3号連続カバーガール総選挙 PART2

Aqoursお泊まり♪大作戦

～アピールメッセージ～

CHECK!
電撃G'sマガジンの表紙を飾る3号連続投票企画の第2弾。1位は梨子と善子のペアに♪

高海千歌
（たかみ ちか）

Q.メンバーを泊めるなら行いたい準備は？
A.よ～くお日様の光に当たった、干したてふっかふかのお布団に真っ白の新しいシーツをかけて、いつでもど～んってダイビングできるように準備しておくこと!!
Q.お泊まりに行くなら持っていくものは？
A.うーん、お気に入りのパジャマかな？ チカはけっこうメンバーの中でも暑がりのほうだし、寝相が――あんまりよくないから――エヘヘ☆ 短いパンツのパジャマが好みだよ♪

旅館をやってるチカの家――こっそりキミも一緒にお泊まりしちゃう？

いつも早寝早起きの私だから――夜更かしは自信ないけどがんばるよ♪

松浦果南
（まつうら か なん）

Q.メンバーを泊めるなら行いたい準備は？
A.部屋の掃除と歯ブラシの準備――じゃあ、当たり前すぎるかな？ あはは♡ そうだ、ショップのお客さんからお土産で貰ったとっておきの貝殻のチョコレートを出しておくよ♪
Q.お泊まりに行くなら持っていくものは？
A.持って行くのは――やっぱり、歯ブラシと――着替えの下着？ うーん、やっぱり普通だね……。普段からあんまり荷物は多くないほうで――そうだ、あとパジャマも持ってくよ♪

一晩ずっと一緒にいられたら――もっと仲良くなれそうですね♡

桜内梨子
（さくらうち り こ）

Q.メンバーを泊めるなら行いたい準備は？
A.せっかく来てくれるなら、一緒にお料理とかできたら楽しいから――夕食とデザートの下ごしらえ、かな♡ 学校には持って行けない冷たいデザートとか作ってみたいです。
Q.お泊まりに行くなら持っていくものは？
A.夜に友達とやることっていったら――ウノとかトランプとか？ ああ――それじゃあまるで中学の修学旅行みたいですよね……。夜のおしゃべり用にハーブティを持って行こうかな？

夜は一緒に並んで宿題するのが楽しみね？ 教えがいのある人を、待っていてよ♡

黒澤ダイヤ
（くろさわ）

Q.メンバーを泊めるなら行いたい準備は？
A.お泊まり会ってしたことはないけれど――でもきっと夜に自室ですることといったらやっぱり宿題――だと思うから、2人一緒に勉強できるように、大きなテーブルを出しておくわね♡
Q.お泊まりに行くなら持っていくものは？
A.愛用の参考書に辞書に問題集――だと、かなり荷物が重くなってしまいそうね……。だったら、教材は最低限にして――いつも使ってるヘアオイルだけは必ず持参いたしますわ♡

渡辺 曜 (わたなべ よう)

Q.メンバーを泊めるなら行いたい準備は？
A.「行いたい準備」っていうか——うーん、やっぱり1番やらなきゃいけないのは、部屋の片づけ、だと思う、たぶん。もしダイヤちゃんとかウチに来たら倒れちゃうかも——！？
Q.お泊まりに行くなら持っていくものは？
A.絶対のおすすめは最近見たばっかりのホラー映画とポテチ！！ ゾンビがすごい勢いでガーって走ってくるの、ホント怖いよぉ～♡♡ポテチひっくり返すこと間違いなしだよ♪

パジャマパーティーのおともはポテチにチョコにゲームだよねっ♪

津島善子 (つしまよしこ)

Q.メンバーを泊めるなら行いたい準備は？
A.今までに作った、悪魔のコスチュームを整理して——全部出しておくことかな？ それで2人であれこれ品評会するの♪ Aqoursの中に小悪魔がもう1匹増えちゃうかもね♡♡
Q.お泊まりに行くなら持っていくものは？
A.そうね、小悪魔ヨハネと夜を一緒に過ごすなら——真夜中の地獄めぐりに行くためのロウソクが必要かも♡ ラベンダーのアロマキャンドルが最近のお気に入り。よく眠れるのよ♪

地獄への秘密の通路はヨハネの部屋に開いてる——キミに通る勇気はある？

夜はスタンドの電気をつけたまま寝ちゃうマルですー！ 一緒に本を読めたら嬉しいずっ♪

国木田花丸 (くにきだ はなまる)

Q.メンバーを泊めるなら行いたい準備は？
A.お寺では、お客様がある時にはいつも——あずきを煮るんです。だから、ぜんざいやお汁粉を準備しておこうかな？ あとは一緒に読みたい綺麗な挿絵の本をいっぱい出しておきます♡
Q.お泊まりに行くなら持っていくものは？
A.きっと、小さい頃からずっと一緒の——ぬいぐるみを1つ持って行くと思うずら♡ もう高校生なのに恥ずかしいけど、おら、それがないとうまく眠れないずら——

小原鞠莉 (おはらまり)

Q.メンバーを泊めるなら行いたい準備は？
A.夜中遊ぶなら、もっちろん準備するものは、アイスクリームに炭酸飲料、ハードな音楽がぎっしり詰まった音楽プレーヤー♪ 一晩中ヘドバンして踊り狂ってしまいましょ♡
Q.お泊まりに行くなら持っていくものは？
A.きっと一緒にお風呂に入るだろうから——ハッピーなバスタイムを演出するとっておきの入浴剤を持って行こうかな？ あとは真っ赤なバラの花。2人でスイートな一夜にしましょ♪

夢の中までずっと一緒にいられたら2人だけの新しい歌ができちゃいそうね♡

仲良しのお友達と一緒のベッドなら、嵐が来ても雷が鳴っても怖くないよぉ♡♡

黒澤ルビィ (くろさわ ルビィ)

Q.メンバーを泊めるなら行いたい準備は？
A.ルビィのベッドにはいつもたっくさんのぬいぐるみさんがいるから、その子たちを少しどかして——お泊まりの子が入れるスペースを作る！！ みんなでぎゅうぎゅう一緒に寝るよぉ♡
Q.お泊まりに行くなら持っていくものは？
A.そうだな～、ルビィの秘蔵のアイドルＤＶＤや動画のコレクションを持って行って——一晩中一緒に見れたらいいなぁ♡ どの子が1番かわいいかとかいっぱいおしゃべりしたいです！

堕天使の棲み処へようこそ──
きっと天国より楽しい一夜になるわよ♡

ごめん、まだちょっと──散らかってるかな？
ア、アハハハ──♪

おっかしいな、いつの間にまたこんな状態に──。
けっこう昨日は、真面目に掃除したんだけどな──。

ま、あんまり気にしないで、どっか適当にすわって？
あ！
もしかして──。
じつは──悪魔の部屋って、真っ暗なトンネルがあって地獄につながってるのかも、とか──想像してた？

フフフ♡
残念！
なんかわりと、普通の──部屋でしょ？
たしかに中学生の頃とかは、カーテンを黒っぽくしたり、ゴスな雰囲気のポスターを貼ったりして、頑張ってた時もあるんだけど──。
なんか飽きちゃったっていうか──。
部屋は、陽がいっぱい当たる方がいいな──なんて。
思うようになっちゃって──エヘヘ♡

ほら、堕天使で悪魔の私がいれば──もうそこはどこでもこの世の地獄なんだし、だったら、あんまり見た目には、こだわらなくてもいいかな、なんて──♪

私だって家ではやっぱりくつろぎたいしね──って、あっ、ちがった、そ、そうじゃなくて、えっと──ほらっ、あの！

あんまり陽が当たらない部屋には、カビが生えるとか言うじゃない!?
健康に悪いのは困るし──。

そ、そうよ──今どき、悪魔だって意外と健康志向なんだから──。
平和な天国から堕天しちゃうほど、特別でインテリジェンタな悩める存在の悪魔には♪
ヘルシーでクール、かつストイックな美しさが求められているの♡
そう、悪魔だって、最近の社会のニーズはちゃんとわかってるんだから♡♡♡

そういうわけで──今夜は、堕天使ヨハネの部屋へようこそ♪
この居心地のいいちっちゃな地獄で、ステキな一夜を過ごしたら、梨子ちゃんも──きっと悪魔の仲間入りができるわよ♡
たっぷり夜更かしして──楽しみましょ？
真夜中になったらとっておきの悪魔の儀式──いたしちゃうんだから♪

3号連続カバーガール総選挙 PART3
Aqoursと真夏の海デート♡
~アピールメッセージ~

CHECK!
3号連続カバーガール投票企画の第3弾。真夏の海でデートしたいメンバー1位は曜!

高海千歌（たかみちか）

元気いっぱいに弾けたいならチカと一緒に今すぐ行かなきゃ♪

ヤッホー! 夏は内浦の街がいっちばん楽しくて、輝く季節——元気いっぱいビタミンカラーの水着であなたを歓迎しちゃいます!! 海水浴にビーチバレー、かき氷を食べ過ぎたらウチの温泉で一緒に休も♪ 来てくれたら一緒にやりたいことがいっぱいあるよ～♡ 楽しくてぎゅうぎゅうな夏のデートを一緒に過ごそ♪♪

桜内梨子（さくらうちりこ）

こわがりの梨子の手を引いて浜辺を歩いてくれたら嬉しいな♡

波打ち際を歩く時——よせてはかえす波の動きに足元をさらわれそうな気がして、今でもちょっとだけドキドキします。そんな自分が恥ずかしいけど、でもそんな——怖がりの梨子でもよかったら——一緒に手をつないで歩いてくれたら嬉しいな♡ ドキドキしてる心臓の音が——どうかあなたに聞こえませんように!

松浦果南（まつうらかなん）

水着なんて普段着と一緒——照れないで思いっきり遠くに行こ!

夏はなんといってもダイビングのメインシーズン♪ 毎日忙しく働くかわりに——たまのお休みには目いっぱい自分も楽しんじゃう! そんな時はよかったら——私の相手をしてくれないかな? フフフ♡ もし一緒に遊んでくれたら、夜はバーベキューでおもてなししちゃうよ! サザエにエビにホタテのシーフードを楽しんでね♡

黒澤ダイヤ（くろさわダイヤ）

ほら、ちょっとそこのキミ! わたくしに見惚れてるのが顔に出過ぎよ♡

もう、今からそんなにあからさまに——見惚れてしまうなんて♡ いくらわたくしが水着だからって、本当にデートする日が来たらどうなさるおつもり? きっともう大変なことになってよ♪ そうね、それなら今から訓練いたしましょ♪ わたくしの顔をぎゅっと近くから見つめても、ドキドキしない訓練。ほらもっとお近づきになって。

渡辺 曜（わたなべ よう）

暑い暑い夏が来たら——曜の出番♪ 真夏の内浦から世界の果てまで飛び込みしちゃうお!

わーい、やっぱり夏は水着がいっちばんだよね～♪ 曜はふだんはあんまりセパレートの水着は着ないんだけど——今日は特別にサービス♡ エヘヘ——まあ、曜の水着姿なんかじゃああんまりサービスにもなってない気がするけど——こんなリボンにフリルの水着は恥ずかしいから——早く他の人のいないとこまで泳いでいこ!

津島善子（つしまよしこ）

堕天使の水着姿——見つめたら目がつぶれるわよ♪

フフフ——どう? このダークな小悪魔ヨハネの仕上がり♡ もうとっくに悩殺されて魂は地獄の底まで落ちてる? よかった——それでこそ私のかわいいリトルデーモン♡ もっともっと熱くなって、地獄の炎で焼き尽くされて——ヨハネの使い魔となって転生できるといいわね! かっこいい悪魔になったらソフトクリームをおごってあげる♪

国木田花丸（くにきだはなまる）

マルと一緒に木陰でお昼寝——真夏のリラックスタイムずら♡

元気に飛び跳ねる夏も楽しいけど——マルは、まぶしい陽射しを遠くに眺めながら——木陰でまどろむ穏やかな夏も大好きです♡ 夏が長い海辺の街、内浦で——そんなちょっぴり地味だけど、優しい時間を——マルと一緒に過ごしてもらえたら嬉しいずら! お寺の井戸でよ～く冷やした甘いスイカをお出しします♪

小原鞠莉（おはらまり）

退屈知らずのマリーの王国へカモン♪ Let's go!!

真夏の太陽は、マリーに1番良く似合う～♪ フフ♡ 思わず歌いだしたくなっちゃう眩しい季節に遊ぶなら、やっぱりマリーと一緒がいいでしょ? 遊覧船にパラセーリング、海辺のホースライディングは最高よ! 仲良く2人乗りして——海の向こうに沈む夕日に向かって走りましょ♡ きっと世界に2人っきりの気分になれるわ——。

黒澤ルビィ（くろさわルビィ）

ルビィの水着姿どうどうどう? 似合ってる? エヘヘ——照れちゃうよぉ

じゃじゃじゃじゃ～んっ♪ エヘヘ——どうかな? ルビィの水着! 今回は、ちょっぴり冒険してチューブトップのビキニだから、色はピンクでかわいくしてみたよぉ♡ あっ、そんなに胸元見ちゃダメ!! ……恥ずかしいもん……全然ナイし……でもきっと! もう少ししたらきっとお姉ちゃんくらいに育つはず! だから、もう少し待ってて、ね♡

真夏の一等賞は――曜とキミの2人のチームで決まりだねッ!!

イエーイ、やったね!
曜が一等賞～～!!

――クフフフフ♪

やっぱり夏の競技は曜にお任せ♡

飛び込み、水泳、カヤックにサーフィン、パラセーリングにフリーダイビング――そしてもちろん、このビーチフラッグも♪
いつだって、勝負ごとには全力投球の曜だから――今日も全力で!!
キミのために勝利のフラッグを勝ち取ったよ～!
真夏の太陽に照らされて、アッツアツになった砂浜を駆けるのは大変だけど、勝った時のこの爽快感が――やっぱり最高だよねっ♪

ね、ご褒美になにくれる?
月桂樹の冠?
折り紙の金メダル?
それとも――たっぷり、青いシロップのかかった、かき氷のトロフィー?

あはは♡

そうだ、いいこと考えた!
ね、ナデナデして♪

いい子いい子、よく頑張ったね――のナデナデ!
そしたらきっと――褒められたちっちゃなワンコみたいに喜んで――ピコピコ、シッポ振っちゃうよ～♪
おまけに、ほっぺのチューを付けてくれてもいいけど――
やっぱり、それはまだちょっと――は、早いかな?
エへへ――♡

渡辺 曜
WATANABE YOU

Aqours 3rd LIVE TOUR 直前メッセージ

CHECK!

3カ所6公演という夏のライブツアーに向けて、メンバーからの気合いの入ったひと言が♪

新しいステージの始まりにワクワクがはちきれそうです!!!

たかみちか
高海千歌

うわーん、いよいよみんなに会える夏のライブがやって来るよ〜♡♡♡ 夏はいつだって、ちっちゃいころからずーっと、チカにとっては1年で1番楽しみな季節だったけど──でもやっぱり、今年くらい待ちきれない夏は、本当の本当に初めて!!! もうワクワクドキドキして、いまにも期待で胸がパーンって破裂しちゃいそう! もうカウントダウンは始まってるよ!! Aqoursメンバー全員、ただいま準備満タンで待機中です♪

今までで1番──気持ちの伝わるステージになる気がしてます♡

さくらうちりこ
桜内梨子

いつも新しいライブの前は、緊張で──怖くなるの。うまくできるかな、失敗してメンバーに迷惑をかけたらどうしよう、わざわざ私たちを見に来てくれるみなさんに──期待通りのものを見せられなかったらどうしよう、って──。悪いことばかり気になってしまって。でも、なんだか今度のライブは、不思議と──楽しみなんです♡ なんでかな? ようやく──慣れてきた、のかな? ウフフ♡ やっと本当の梨子を──皆さんに見てもらえる気がします。お楽しみに、ね♪

みんなに会える夏が──きっと世界一の夏になるね♪

まつうらかなん
松浦果南

みんな、いよいよ3rdライブがやって来るね♪ 私たちは──春からずっと。このライブのためにってみんなで一生懸命練習を重ねて来たから──みんなに早く会いたくて、ウズウズしているよ♪ ホント、今までにないくらい──がんばったんだから! 早く会って──スゴイねって、言ってほしい──あはは♡♡ 雨の多い季節だって──きっとその先に楽しみなことがあれば、毎日笑顔で過ごせるから。私と同じ気持ちであともう少しだけ待っててね♪

わたくしへの積もった愛情――力いっぱいぶつけてよくてよ♡

黒澤ダイヤ（くろさわだいや）

わたくしたちにとって、ついに3回目になるライブ――みんな楽しみにしてくれているかしら？ 愛情は――ともに過ごす時間の長さとともに――より深く強くなってゆくもの♡ わたくしへ向けられる愛もきっと、そうなってくれていると思うけれど――それと同時に。わたくしから――アナタへの愛も。より深く強くなっていることをどうぞ忘れないでいてくださいませね♡♡ わたくしの募る思いをあなたへ――力の限りお伝えいたしますわ。

キミに会えるの――ずっとずーっと楽しみにしてたんだからね♡

渡辺 曜（わたなべ よう）

あーもう、やっと6月になるよ～！ 本当に本当に本当に――待ってたんだから!! 曜はさ――せっかちっていうか――単純だから、そんなに待つのは得意じゃないんだよね。港で――船が入港してくるのを待ってればジリジリしすぎて海に飛び込んじゃうし、水泳も、ちっちゃい頃は始まりの合図が待ちきれなくて、フライングしまくり♪ あはは♡ でもそんな曜が――ずーっとずっと、待ちに待ってた今度のライブ！ 最高に盛り上がってくれなきゃやだよっ☆

ヨハネと一緒に地獄に行きたい人 この指と～まれっ♪

津島善子（つしまよしこ）

はぁ～い、いよいよやって来たわね、この時が♡ 地獄から遣わされた黒き堕天使ヨハネと一緒に――世界で1番ホットな地獄を体験したい人はついていらっしゃい♪ でも、そのかわり覚悟はいい？ アナタはきっとそこで、見てはいけないものを見るわ。そしてそれを見てしまったらもう後戻りはできないの――あとは地獄のヨハネに一生その身を捧げて生きていくだけ――。ああ、なんて幸せな地獄なの！ 仕方ないから、私が一生面倒見てあげる♡

みんなにいっぱい元気を届けられるライブになりますように！

国木田花丸（くにきだはなまる）

おーい、マルの声──みんなに届いてますか～!! えへへ♡ マルは、最近──恥ずかしがり屋が少しだけ、治ってきたような気がしてるずら♡♡ なんでかなぁ？ やっぱり──Aqoursのおかげかな♪ マルは聖歌隊に入ってたのに、恥ずかしがり屋はずっと治らなくて、でもAqoursを始めてからは──なんだろ、みんなに──歌を聞いてもらうのがなんだかとっても──嬉しいずら♡ この感謝の気持ちがみんなに届くライブになりますように!!

私たちの今を──ぜんぶあなたに見てほしいから♡

小原鞠莉（おはらまり）

朝の空で鳴く鳥の声に、海のさざめき、昼休みの学校の喧騒──内浦では、どんな時も、音は私たちの生活の中にともにあって──私はそんなふとした瞬間に感じる音楽が好き♡ いつだって私たちに笑顔とハッピーを運んでくれる音楽を──あなたと一緒に感じられる唯一の空間がきっとライブのステージだから──。今度のライブでは、その身体めいっぱいで、マリーの身体の中を流れる音楽を──一緒に2人で最高に感じちゃいましょ♪

史上最高にかわいいアイドルになるためにがんばりました♡♡

黒澤ルビィ（くろさわルビィ）

今度のライブは──もうね、いっぱい練習して、衣装作りもがんばって、いっぱいいっぱい──ルビィ、とにかくがんばったよぉ♡ もう、ルビィの人生の中で、こんなにがんばったことって、今までにほかにあったかなぁ？ って思うくらい！ えへへ♡ 苦手な早起きも一生懸命がんばって6時半に朝練したし、夜も、宿題ほったらかして小物づくりして──おかげでルビィ史上最高のアイドルになったと思うので、みんな絶対!! ルビィに会いに来てください♡♡

ILLUSTRATION CREDIT

P8
作画：水野辰哉
作画監修：室田雄平
仕上：横山さよ子
背景：温水陽子 (スタジオ・イースター)
特効：山川明子

P9-11　イラスト：清瀬赤目

P12-13　イラスト：依河和希

P14-17　イラスト：音乃夏

P18
作画：水野辰哉
作画監修：室田雄平
仕上：横山さよ子
背景：澤谷真理 (スタジオ・イースター)
特効：山川明子

P19-21　イラスト：清瀬赤目

P22-23　イラスト：依河和希

P24-27　イラスト：音乃夏

P28
作画：永富浩司
作画監修：室田雄平
仕上：横山さよ子
背景：鈴木くるみ (スタジオ・イースター)
特効：山川明子

P29-31　イラスト：清瀬赤目

P32-33　イラスト：依河和希

P34-37　イラスト：音乃夏

P40-41
作画：鈴木 勇
仕上：横山さよ子
背景：干場佳織 (スタジオ・イースター)
特効：山川明子

P42
作画：水野辰哉
仕上：野地弘納 (スタジオトイズ)
背景：前田有紀 (スタジオ・イースター)
特効：山川明子

P43-45　イラスト：伊能津

P46-47
作画：水野辰哉
仕上：横山さよ子
背景：鈴木くるみ (スタジオ・イースター)
特効：山川明子

P48-49　イラスト：伊能津

P52-53
作画：永富浩司
仕上：横山さよ子
背景：北爪さちえ (スタジオ・イースター)
特効：山川明子

P54
作画：尾尻進矢
仕上：横山さよ子
背景：鈴木くるみ (スタジオ・イースター)
特効：山川明子

P55　イラスト：伊能津

P56-57
作画：永富浩司
仕上：横山さよ子
背景：北爪さちえ (スタジオ・イースター)
特効：山川明子

P58
作画：鈴木 勇
仕上：横山さよ子
背景：澤谷真理 (スタジオ・イースター)
特効：山川明子

P59　イラスト：伊能津

P62-63
作画：鈴木 勇
仕上：横山さよ子
背景：北爪さちえ (スタジオ・イースター)
特効：山川明子

P64
作画：尾尻進矢
仕上：横山さよ子
背景：真鍋暁子 (スタジオ・イースター)
特効：山川明子

P65-66　イラスト：伊能津

P70-71
作画：鈴木 勇
仕上：横山さよ子
貼り込み素材デザイン：西貝夏木、
岩本春香
背景：MOR STUDIO
特効：山川明子

P72-75　イラスト：伊能津

P76-77
作画：田村里美
仕上：山本未有
背景：王 葆祺 (スタジオ・イースター)
特効：山川明子

P78-79　イラスト：伊能津

P82-83
作画：尾尻進矢
仕上：野地弘納 (スタジオトイズ)
背景：真鍋暁子 (スタジオ・イースター)
特効：山川明子

P84
作画：鈴木 勇
仕上：横山さよ子
背景：関口 蓮 (スタジオ・イースター)
特効：山川明子

P85-87　イラスト：伊能津

P88-89
作画：尾尻進矢
仕上：野地弘納 (スタジオトイズ)
背景：鈴木くるみ (スタジオ・イースター)
特効：山川明子

P90
作画：鈴木 勇
仕上：横山さよ子
背景：鈴木くるみ (スタジオ・イースター)
特効：山川明子

P91-93　イラスト：伊能津

P96-97
作画：山内尚樹
仕上：山本未有
背景：関口 蓮 (スタジオ・イースター)
特効：山川明子

P98
作画：鈴木 勇
仕上：山本未有
背景：阿部真大 (スタジオ・イースター)
特効：山川明子

P99-101　イラスト：伊能津

P102-103
作画：鈴木 勇
仕上：山本未有
背景：澤谷真理 (スタジオ・イースター)
特効：山川明子

P104
作画：尾尻進矢
仕上：山本未有
背景：温水陽子 (スタジオ・イースター)
特効：山川明子

P105-106　イラスト：伊能津

P108-109
作画：山内尚樹
仕上：野地弘納 (スタジオトイズ)
背景：鈴木くるみ (スタジオ・イースター)
特効：山川明子

P110
作画：鈴木 勇
仕上：横山さよ子
背景：鈴木くるみ (スタジオ・イースター)
特効：山川明子

P111-113　イラスト：伊能津

P120-121
作画：室田雄平
仕上：横山さよ子
背景：宋美玲 (スタジオ・イースター)
特効：山川明子
貼り込み素材デザイン：粕川みゆき

P123
作画：室田雄平
仕上：横山さよ子
背景：真鍋暁子 (スタジオ・イースター)
特効：山川明子

Special Thanks!

Q&A設問制作
葵樹さん、アオめがねさん、あやせば。さん、うさ吉郎さん、えふちゃさん、エレガントナノマシンさん、かーやんさん、かいちょｗｗさん、葛西ダニエルさん、かもめさん、gunners for lifeさん、きさらぎみかんさん、KIDさん、きゃんさん、くろごまさん、ケーイboyさん、さつまいもさん、ジー子さん、シャイバー!!はなちゃん!さん、シャル村長さん、松海鳳さん、ショーGさん、四侶菜さん、すずめ隊さん、すわさん、そしてマートを倒してみろ!さん、softpinkさん、DIA様のロードローラーさん、たくあん色のズラまるさん、TAKOさん、たこやきそばさん、ちゃんたつさん、どっとちぇりー。さん、Tomさん、ともちさん、とわいらいとイセエビさん、のっちょさん、バッサーさん、はなさん、ハノレナさん、ハマチャさん、ビクトールさん、ひさしんさん、ピンクのおこじょ!松さん、ブー子さん、マートさん、マイクさん、ませてい。さん、まっさんさん、まめまめさん、みかん大好き「つらかわ」さん、みかんのお船さん、みすさん、無駄な努力王さん、紫鮫さん、ムラマサさん、ヤスキさん、山川うみさん、四葉さん、よよさん、ライコさん、ラチェットさん、リトルヨーソロー カズマさん、りんりんさん

[TV ANIME] [MOVIE] [CD] [BOOK] [MAGAZINE] [LIVE] [Blu-ray] [PROJECT] [NUMAZU] [EVENT] [COLLABORATION] [OTHER]

Aqours 活動記録&予定表3

劇場版公開に向けてAqoursの盛り上がりは最高潮♡ TVアニメ2期放送開始からの1年と今後の予定を公開!

TV ANIME MOVIE CD BOOK
MAGAZINE LIVE Blu-ray PROJECT

10月7日〜 『ラブライブ!サンシャイン!!』TVアニメ2期放送・配信開始 [TV ANIME]

10月7日 千歌・曜・ルビィの「CYaRon!」の3人にフィーチャーした特別増刊「電撃G'sマガジン増刊 ラブライブ!サンシャイン!! CODE：C」が発売 [MAGAZINE]

10月25日 TVアニメ『ラブライブ!サンシャイン!!』2期OP主題歌「未来の僕らは知ってるよ」発売 [CD]

10月30日 「ラブライブ!スクールアイドルフェスティバル Aqours official illustration book」&「ラブライブ!スクールアイドルコレクション Aqours パーフェクトビジュアルブック」が発売 [BOOK]

11月4日 果南・ダイヤ・花丸の「AZALEA」の3人にフィーチャーした特別増刊「電撃G'sマガジン増刊 ラブライブ!サンシャイン!! CODE：A」が発売 [MAGAZINE]

11月4日〜2018年3月11日 「ラブライブ!サンシャイン!!Aqours クラブ活動 LIVE & FAN MEETING 〜 Landing action Yeah!! 〜」および海外公演「Love Live! Sunshine!! Aqours Club Activity LIVE & FAN MEETING Trip to Asia 〜 Landing action Yeah!! 〜」開催 [LIVE]

　国内 ●大阪公演 11月4日・5日 ●札幌公演 12月9日・10日 ●沼津公演 12月16日 ●福岡公演 2018年1月6日 ●名古屋公演 2018年2月3日 ●千葉公演 2018年3月10日・11日 海外 ●ソウル公演 11月18日 ●上海公演 2018年1月20日 ●台北公演 2018年2月10日

11月15日 TVアニメ『ラブライブ!サンシャイン!!』2期ED主題歌「勇気はどこに?君の胸に!」が発売 [CD]

11月29日 『ラブライブ!サンシャイン!!』TVアニメ2期 第3話挿入歌／第6話挿入歌「MY舞☆TONIGHT／MIRACLE WAVE」発売 [CD]

12月9日 梨子・善子・鞠莉の「Guilty Kiss」の3人にフィーチャーした特別増刊「電撃G'sマガジン増刊 ラブライブ!サンシャイン!! CODE：G」が発売 [MAGAZINE]

12月20日 「ラブライブ!スクールアイドルフェスティバル Aqours official story book」発売 [BOOK]

12月20日 TVアニメ『ラブライブ!サンシャイン!!』2期第9話挿入歌「Awaken the power」発売 [CD]

12月22日〜 TVアニメ第12期 Blu-rayが全7巻でリリース開始! [Blu-ray]
　第1巻：12月22日発売 第2巻：2018年1月26日発売 第3巻：2018年2月23日発売 第4巻：2018年3月23日発売 第5巻：2018年4月24日発売 第6巻：2018年5月25日発売 第7巻：2018年6月22日発売

12月27日 創刊25周年となる電撃G'sマガジン2018年2月号が発売&TVアニメ2期第12話挿入歌「WATER BLUE NEW WORLD」衣装の千歌が表紙に登場 [MAGAZINE]

1月17日 TVアニメ『ラブライブ!サンシャイン!!』2期第12話／第13話挿入歌「WATER BLUE NEW WORLD／WONDERFUL STORIES」 [CD]

1月27日 「ラブライブ!サンシャイン!!コミックアンソロジー3」が発売 [BOOK]

1月30日〜2月9日 「ラブライブ!サンシャイン!! もっと輝け!! Aqours 3号連続カバーガール総選挙 PART1〜TVアニメ2期衣装〜」開催 [PROJECT]
　→ **4月28日** 「MY舞☆TONIGHT」衣装の黒澤ダイヤが投票数1位に決定&電撃G'sマガジン7月号（5月30日発売）の表紙に登場

1月31日 TVアニメ『ラブライブ!サンシャイン!!』2期オリジナルサウンドトラック「Journey to the Sunshine」が発売 [CD]

2月21日〜2月28日 ラブライブ!サンシャイン!! Aqours

TV ANIME 2nd

MAGAZINE

MAGAZINE

ED

OP

LIVE & FAN MEETING 2017

INSERT SONGS 1

MAGAZINE

INSERT SONGS 2

Blu-ray

MAGAZINE

INSERT SONGS 3

MAGAZINE

ORIGINAL SOUND TRACK

NUMAZU EVENT
COLLABORATION OTHER

9月30日〜10月6日 沼津・三津旅館組合×ラブライブ!サンシャイン!! 内浦&西浦お宿探訪パズルラリー開催 [NUMAZU]

10月21日 「めざましテレビ PRESENTS T-SPOOK 〜 TOKYO HALLOWEEN PARTY 〜」にAqoursが出演 [EVENT]

10月21日〜2018年1月14日 「セガコラボカフェ ラブライブ!サンシャイン!!」開催 [COLLABORATION]

10月28日・12月2日・12月30日 「ラブライブ!サンシャイン!! TVアニメ2期!みんなで上映会!!」が開催 [EVENT]

10月31日 静岡のご当地パン「のっぽ」とコラボした第2弾「はちみつみかんのっぽ」が発売 [NUMAZU]

11月21日 「Aqours 2nd LoveLive! HAPPY PARTY TRAIN TOUR」のSLを伊豆箱根鉄道駿豆線「修善寺駅」に展示開始 [NUMAZU]

11月25日 「NHK WORLD presents SONGS OF TOKYO」にAqoursが出演 [OTHER]

12月13日 フジテレビ系列「2017 FNS歌謡祭 第2夜」にAqoursが出演 [OTHER]

12月16日〜2018年1月21日 "セガ名作タイトル・ハード×国木田花丸"コラボ決定投票を開催 [COLLABORATION]
　→ **2018年3月2日** コラボレーションタイトルが『サクラ大戦』に決定!

12月17日 JAなんすんの沼津茶「ぬまっちゃ」と『ラブライブ!サンシャイン!!』がスペシャルコラボ&オリジナルデザイン缶が発売 [NUMAZU]

12月20日 静岡新聞 朝刊に『ラブライブ!サンシャイン!!』の全面カラー広告を掲載 [OTHER]

12月22日 日本テレビ「バズリズム02」歌唱ゲストとしてAqoursが出演 [OTHER]

12月23日 三津海水浴場にて「第2回キャンドルナイト in 三津浜」開催 [NUMAZU]

12月24日 沼津・リバーサイドホテルにて「沼津あげつち商店街 ×ラブライブ!サンシャイン!!」クリスマスパーティーを開催 [NUMAZU]

12月29日 ラブライブ!サンシャイン!! ×淡島ホテル シャイニーカレーが発売開始 [NUMAZU]

12月31日 読売新聞全国版朝刊に『ラブライブ!サンシャイン!!』の全面カラー広告を掲載 [OTHER]

12月31日〜2018年1月1日 あわしまマリンパークの当日受入の年越入園（深夜夜間営業）と初シャイニーツアー開催 [NUMAZU]

1月8日 「DENGEKI MUSIC LIVE!! 2018」にAqoursが出演 [EVENT]

1月8日 NHK「SONGS OF TOKYO」にAqoursが出演 [OTHER]

1月10日 沼津警察署の「1日警察署長」に渡辺曜役斉藤朱夏さんが就任

1月12日〜2月4日 中国での初の企画展「Love Live! Sunshine!! Showtime」が開催 [EVENT]

3月19日〜6月3日 リアル脱出ゲーム×ラブライブ!サンシャイン!!「孤島の水族館からの脱出」開催 [EVENT]

3月29日〜4月30日 「ラブライブ!サンシャイン!!」期間限定SHOPが池袋マルイにてオープン [COLLABORATION]

4月1日 エイプリルフール企画として三津海水浴場に全長10mの巨大寝そべり「ハイパーファビュラスアルティメットジャンボ寝そべり

TV ANIME TVアニメ　MOVIE 映画　CD CD情報　BOOK 書籍情報　MAGAZINE 雑誌情報　LIVE ライブ情報　Blu-ray Blu-ray情報

浦の星女学院 RADIO!!! 第2回パーソナリティー総選挙実施 `PROJECT`
→ 3月11日 メインパーソナリティが渡辺曜役斉藤朱夏さん、津島善子役小林愛香さん、黒澤ルビィ役降幡 愛さんに決定
2月28日〜3月9日 電撃G'sマガジンの表紙を決める「ラブライブ！サンシャイン!! もっと輝け!! Aqours 3号連続カバーガール総選挙 PART2 〜 Aqours お泊まり♪大作戦〜」開催 `PROJECT`
→ 5月30日 善子の家に梨子が遊びに行くお泊まり会が、投票数1位に決定＆電撃G'sマガジン8月号（6月30日発売）の表紙に登場
3月10日 電撃コミックスEX「ラブライブ！サンシャイン!! マルのヨンコマ」第1巻が発売 `BOOK`
3月27日 電撃コミックスNEXT『ラブライブ！サンシャイン!!』の第3巻が発売 `BOOK`
3月28日 『ラブライブ！サンシャイン!! Perfect Visual Collection I』が発売 `BOOK`
3月30日〜4月6日 「ラブライブ！サンシャイン!! もっと輝け!! Aqours 3号連続カバーガール総選挙 PART3 〜 Aqours と真夏の海デート♡〜」開催 `PROJECT`
→ 6月30日 飛び込み大好き少女・曜が、真夏の海デート♡投票の1位に決定＆電撃G'sマガジン9月号（7月30日発売）の表紙に登場
4月15日 『ラブライブ！スクールアイドルフェスティバル』シリーズが配信5周年！ `PROJECT`
4月24日 パズルゲーム『ぷちぐるラブライブ！』が配信開始 `PROJECT`
4月27日・28日 ユニットライブ『Saint Snow PRESENTS LOVELIVE! SUNSHINE!! HAKODATE UNIT CARNIVAL』を函館アリーナにて開催 `LIVE`
5月20日〜8月5日 「スクフェス感謝祭2018 〜 Go!Go! シャンシャンランド〜」を開催 `PROJECT`
●大阪会場5月20日 ●沼津会場7月15日 ●東京会場8月4日・5日
6月9日〜7月8日 「ラブライブ！サンシャイン!! Aqours 3rd LoveLive! Tour 〜WONDERFUL STORIES〜」開催 `LIVE`
●埼玉公演6月9日・10日 ●大阪公演6月16日・17日 ●福岡公演7月7日・8日
6月30日 Aqours Hop! Step! Jump! Project! テーマソングCD「ホップ・ステップ・ワーイ！」を封入した「ラブライブ！サンシャイン!! Aqours CLUB CD SET 2018」が発売 `CD`
6月30日 「Aqours CLUB 2018」がスタート `PROJECT`
6月30日 「ラブライブ！サンシャイン!! TVアニメオフィシャルBOOK2」「ラブライブ！スクールアイドルフェスティバル Aqours official illustration book2」発売 `BOOK`
8月1日 「ラブライブ！サンシャイン!! Aqours 4th Love Live! 〜 Sailing to the Sunshine 〜」テーマソングCD「Thank you, FRIENDS!!」発売 `CD`
9月9日〜2019年3月3日 「ラブライブ！サンシャイン!! Aqours クラブ活動 LIVE & FAN MEETING 2018 ユニット対抗全国ツアー」開催予定 `LIVE`
●札幌公演9月9日【出演】Guilty Kiss ●名古屋公演9月22日・23日【出演】AZALEA ●松山公演9月24日【出演】CYaRon！ ●福岡公演12月2日【出演】Guilty Kiss ●仙台公演12月15日【出演】AZALEA ●千葉公演2019年1月5日・6日【出演】Guilty Kiss ●広島公演2019年1月13日【出演】AZALEA ●金沢公演2019年1月19日【出演】CYaRon！ ●沼津公演2019年2月9日・10日【出演】CYaRon！／AZALEA／Guilty Kiss ●大阪公演2019年2月16日・17日【出演】CYaRon！ ●東京公演2019年3月2日・3日【出演】CYaRon！ & AZALEA & Guilty Kiss
11月17日・18日 「ラブライブ！サンシャイン!! Aqours 4th LoveLive! 〜 Sailing to the Sunshine 〜」開催 `LIVE`
1月4日〜 『ラブライブ！サンシャイン!! The School Idol Movie Over the Rainbow』 全国ロードショー!! `MOVIE`

`MAGAZINE`

`COMICS`

`COMICS`

`MAGAZINE`

`BOOK`

`UNIT LIVE`

`3rd LIVE TOUR`

`THEME SONG`

`BOOK`

`THEME SONG`

`MOVIE`

`MOVIE`

2018

2019

EX」が出現 `NUMAZU`
4月1日 伊豆箱根鉄道伊豆長岡駅ラッピング電車「HAPPY PARTY TRAIN」の装飾リニューアル＆1周年記念ヘッドマークでの運行開始 `NUMAZU`
4月2日 TOKYO FM「SCHOOL OF LOCK!」にてAqours LOCKS! がスタート `OTHER`
4月17日 沼津港の大型展望水門「びゅうお」において、渡辺曜の誕生日にイメージカラーへの特別ライトアップを開催 `NUMAZU`
4月26日〜30日 函館空港内に『ラブライブ！サンシャイン!! プレミアムショップ』が期間限定登場 `OTHER`
4月21日〜7月8日 「セガコラボカフェ ラブライブ！スクールアイドルフェスティバル」開催 `COLLABORATION`
5月7日 バロックジャパンリミテッドより誕生した新ブランド『R4G』（RESPECT FOR GEEKS）と『ラブライブ！サンシャイン!!』のコラボレーションを記念してSHEL'TTER #46 SUMMER 2018 SPECIAL EDITION にAqours が登場 `COLLABORATION`
5月8日〜7月16日 "謎"をテーマとしたテーマパーク「TOKYO MYSTERY CIRCUS（東京ミステリーサーカス）」にて『Aqours からの挑戦状！』を開催 `EVENT`
5月11日〜6月14日 ラフォーレ原宿、アミュプラザ博多にて『HMM×ラブライブ！サンシャイン!! セレクトショップ』期間限定オープン `COLLABORATION`
5月19日 「沼津市×ラブライブ！サンシャイン!! ヌマヅノタカラプロジェクト」オリジナルマンホール9種設置開始 `NUMAZU`
6月1日〜 レンタサイクル・アニポタ東京【ani-pota tokyo】が秋葉原にオープン＆秋葉原にラブライブ！シリーズとコラボレーションしたレンタサイクルが登場 `COLLABORATION`
6月8日〜10日 「ラブライブ！サンシャイン!!×西武鉄道プレミアムトレインツアー2018」開催 `COLLABORATION`
6月13日 内浦にしいたけ号が運行開始 `NUMAZU`
6月25日 2018年JOYSOUND サポーターにAqours の起用が決定 `COLLABORATION`
6月26日 「ラブライブ！サンシャイン!!」×あわしまマリンパーク淡島うみねコラボグッズ販売決定 `NUMAZU`
6月28日 TBS系列「CDTV'18上半期SPエンタメまとめ総決算」にAqours が出演 `OTHER`
7月1日〜7月31日 沼津市観光プロモーション動画のナレーションに高海千歌が起用 `NUMAZU`
7月4日 アメリカ・ロサンゼルスでの「Anisong World Matsuri at Anime Expo 2018」にて、「LOVE LIVE! SUNSHINE!! Aqours World Love Live! in LA 〜Beyond the Pacific〜」を開催 `EVENT`
7月12日 「ラブライブ！サンシャイン!!×あげつま商店街 ヨハネ誕生前夜祭2018」開催 `NUMAZU`
7月14日 TBS系列「音楽の日2018」にAqours が出演 `OTHER`
7月21日 TBS系列「COUNT DOWN TV」にAqours が出演 `OTHER`
7月25日 フジテレビ系列「FNSうたの夏まつり」にAqours が出演 `OTHER`
8月1日〜9月17日 「ラブライブ！サンシャイン!!」×富士急ハイランドコラボ開催 `COLLABORATION`
8月24日 「Animelo Summer Live 2018 "OK!"」にAqours が出演 `EVENT`

ラブライブ！サンシャイン!!
THIRD FAN BOOK

2018年8月30日　初版発行

編集	電撃G'sマガジン編集部
編集協力	宮森里絵 寺尾僚祐 市川理恵子
デザイナー	関口小綾香（twill design）
協力	2017 プロジェクトラブライブ！サンシャイン!! サンライズ バンダイナムコアーツ ブシロード
カバーデザイン	関口小綾香（twill design）
カバーイラスト	作画：佐野恵一 仕上：野地弘納（スタジオトイズ） 背景：阿部真大（スタジオ・イースター） 特効：山川明子
発行者	青柳昌行
発行	株式会社KADOKAWA 〒102-8177 東京都千代田区富士見2-13-3 0570-06-4008（ナビダイヤル）
印刷・製本	共同印刷株式会社